# GÉOGRAPHIE MODERNE.

## DE LA FRANCE.

# GÉOGRAPHIE
# MODERNE
# DE LA FRANCE,

## PAR LE COURS DES FLEUVES ET DES RIVIÈRES;

OU

*MÉTHODE facile pour en apprendre en peu de tems la nouvelle division, précédée d'un Traité abrégé des Sphères de Ptolémée et de Copernic; avec la description de l'ancienne Gaule, et un précis rapide de l'Histoire des Gaulois et des Francs, et de l'établissement de ceux-ci dans les Gaules*

PAR J. M. MAHIAS, Homme de Lettres.

*TOME Ier.*

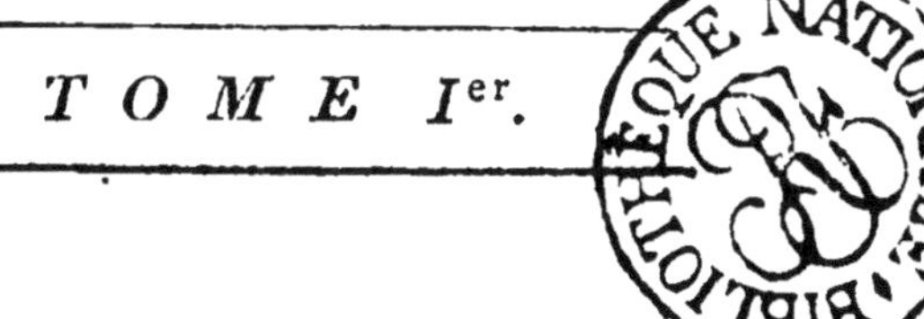


A PARIS,

Chez LE BECQ, Imprimeur, rue Jean-de-Beauvais n°. 13.

AN VII.

# DISCOURS PRÉLIMINAIRE.

L'ÉTUDE de la Géographie est d'une nécessité absolue. Il est facile de le démontrer; car vainement se flatte-t-on de faire quelques progrès dans l'étude de l'Histoire, toute nécessaire qu'elle est, si avant de s'y livrer, on ne s'est pas appliqué sérieusement à celle de la Géographie.

L'Histoire nous retrace le tableau des révolutions éternelles qui ont agité les différentes nations qui se sont succédées sur la surface du Globe, et qui ont changé tant de fois la face des Empires. La Géographie nous transporte, pour ainsi dire, sur les lieux qui ont été le théâtre des principaux événemens qui les ont amenées, accompagnées et suivie ces révolutions, (1); qui, sans attribuer aux peuples aucun dégré de liberté et au lieu d'assurer

(1) Nous ne parlons pas de celles de la fin du dix-huitième siècle.

leur repos et leur tranquillité, n'ont fait que péser violemment sur eux, et les ont précipités dans des abimes de malheurs plus terribles les uns que les autres.

Comment, sans le secours de la Géographie, suivra-t-on dans leur marche terrible ces ravageurs de provinces auxquels on a donné le nom de conquérans, et dont l'ambition effrénée a fait, dans tous les tems, les malheurs du monde?

Les Grecs jurent de venger l'outrage fait à un de leurs princes par le fils de Priam : Toye est menacée d'une ruine prochaine : toutes les forces de la Grèce sont sur pied : leur rendez-vous est en Aulide: la flotte qui doit les transporter sur les côtes d'Asie, fait voile vers l'Hellespont à travers la mer Égée. Cette Cité florissante, la plus puissante et l'une des plus célèbres de l'Asie mineure, fait pendant dix années entières des prodiges de valeur pour défendre sa liberté, et pour éloigner, si le destin n'en ordonne autrement, les malheurs dont elles est ménacée. Tous ses efforts sont inutiles : elle tombe, après avoir vu périr ses plus braves défenseurs au pouvoir des vainqueurs : elle est réduite en cendre, elle n'est plus.

Énée fuit loin d'une patrie malheureuse emportant avec lui ses Dieux et son vieux père Anchise. La tempête le jette sur les côtes d'Afrique : la généreuse et trop sensible Didon, profondément affectée au récit de ses malheurs, tâche en vain de les lui faire oublier, et lui propose, en lui offrant sa main, de partager avec lui l'empire de Cartage. Enée que le destin appelle ailleurs, pressentant les hautes destinées du peuple dont il doit être le père, abandonne en soupirant et Didon et Carthage. Il aborde, trois ans après la ruine de Troye, sur les côtes du *Latium*. Ses vertus lui concilient, aussi-tôt qu'il en est connu, l'estime et l'amitié de *Latinus*, qui règnait dans ces contrées. Il l'associe à son trône en lui donnant en mariage sa fille Lavinie. De cet hymen sort une assez longue suite de rois; et Sylvia, fille de Numitor l'un d'eux, enfante les fondateurs de Rome.

Où était située la Grèce ? Quelle partie occupait l'Aulide ? Quel nom porte aujourd'hui la mer Égée ? Quel est celui de l'Hellespont ? Où étaient située Troye et Carthage? Quelle partie de l'Italie occupait le Latium? Comment, si l'on ignore tout cela, suivra-t-on les Grecs jusques sous les murs de Troye? Comment saisira-t-on le fil des aventures d'Énée, vraies ou fausses.

Brennus et ses Gaulois quittent les rives de l'Yonne, passent la Saône ou le Rhône; franchissent les Alpes; traversent le Pô, assiègent et prennent Clusium; battent les Romains sur les bords de l'Alliá; s'avancent sur Rome; s'en rendent maîtres; la livrent au pillage et aux flammmes. Avec quel intérêt lira-t-on les détails de cette expédition, monument éternel de la bravoure de nos pères, si l'on ne connaît pas la partie de la Gaule où habitaient les Gaulois Sénonnois, où sont situées les Alpes, où coulent le Pô et l'Allia?

Alexandre, fils et successeur de Philippe roi de Macédoine, forme le projet d'humilier l'orgueil des rois de Perse, et de venger les maux qu'ils ont fait souffrir aux Grecs.. Il convoque à Corinthe une assemblée générale de tous les Etats de la Grèce, dans laquelle il se fait nommer général des troupes qui doivent aller ravager l'Asie.

Il part (an 3670) à la tête d'une armée de trente mille hommes de pied, et de cinq mille chevaux, ayant laissé Antipater pour gouverner la Macédoine pendant son absence. Il prend sa route vers l'Hellespont, le passe avec cent soixante galères et plusieurs vaisseaux ronds, conduisant lui-même le sien; il aborde le premier en Asie, défait sur les bords du Granique Darius qui s'était avancé à la tête de cent mille hommes et de plus de dix mille chevaux pour lui en disputer le passage. Cette première victoire d'Alexandre, qui n'était que le prélude ds tant d'autres qu'il devait remporter dans la suite, et qui devaient lui assurer la conquête de l'Orient, répand de tous côtés la terreur et l'épouvante. Il s'avance vers Sardes: cette ville célèbre et puissante, qui était comme la clef de la haute Asie, lui ouvre ses portes. Ne trouvant plus aucun obstacle qui puisse retarder sa marche triomphante, il traverse en un clin d'œil la Carie, la Lycie, la Phrygie, la Pisidie, la Pamphilie, l'Isaurie, atteint une seconde fois Darius près d'*Issus* dans la Cylicie, lebat de nouveau, fait prisonniers ses fils, sa mère, sa femme, et ses sœurs. Il entre ensuite dans la Syrie, dont la plupart des villes lui ouvrent leurs portes. Tyr était la seule qui tenait encore pour Darius: Alexandre en fait le siège, un des plus mémorables dont l'Histoire ancienne fasse mention, et la prend, d'assaut. On fait main-basse sur tous les Tyriens; et tous ceux qui n'ont pu fuir sont immolés à la fureur des vainqueurs.

Alexandre, après avoir puni d'une manière si cruelle et si inhumaine la généreuse résistance des Tyriens, entre dans la Palestine, continue sa marche vers Gaza, qu'il voulait soumettre pour s'ouvrir le chemin de l'Egypte. Bétis, qui y commandait pour Darius, croit qu'il est de son devoir et de son honneur de defendre cette place. Alexandre est obligé d'en faire le siège; irrité de la résistance des habitans, il en fait passer dix mille au fil de l'épée, et fait vendre les autres. Il fait éclatter d'une manière particulière, et plus cruelle encore, sa colère contre Bétis: et le fait périr dans des tourmens horribles, au lieu de respecter, comme il le devait, la fidélité de cet officier envers son roi. De Gaza il s'avance vers Memphis, capitale de la haute Égypte. Mazée qui y commandait pour Darius, moins généreux, moins brave et moins fidèle que Bétis, lui livre la ville sans opposer la moindre résistance, lui remet huit mille talens, et lui livre les meubles de son maître. Ici, Alexandre, dont le cœur était enflé par tant de succès, oublie sa propre condition. Sa vanité lui fait imaginer qu'il peut se faire passer pour le fils de Jupiter. Dans ces folles pensées il fait un voyage au temple de Jupiter Ammon, situé au milieu des déserts de la Lybie, à douze journées de Memphis. Etant entré dans le temple, le chef des prêtres qu'il avait séduit par des présens considérables, le déclare fils de Jupiter, et l'assure que ce Dieu lui-même lui donne ce nom. Ce prince l'accepte avec joie, et le prend toujours depuis dans ses lettres et dans ses ordonnances.

Alexandre revient à Memphis; quitte l'Egypte, et reprend le chemin de l'Orient pour aller chercher Darius. Il passe l'Euphrate avec toute son armée, et s'avance vers le Tygre; il rencontre celle de Darius près le village de Gaugamelle, à quelques lieues d'Arbelles, la met en déroute, force ce prince infortuné à fuir une troisième fois devant lui; marche vers Babylone où il entre en triomphe;

quitte cette ville, va à Persépolis que les Perses avaient abandonnée à son approche, fait passer tous les habitans au fil de l'épée, y trouve des trésors immenses.

Darius s'était enfui vers Ecbatanne. Alexandre l'y poursuit. Ce prince, digne d'un meilleur sort, trahi et abandonné par les siens, va finir dans la Bactriane des jours malheureux.

Alexandre devenu maître de toute la Perse par la mort de Darius, son dernier roi, mène son armée triomphante dans l'Hicarnie qu'il soumet sans peine. De-là, avec la même rapidité, il passe dans le pays des Mardes et des Arriens, qu'il soumet de même, avec plusieurs autres peuples voisins. Il s'avance ensuite jusqu'à l'Axiarte, bat les Scythes sur le bord de ce fleuve, marche vers Marcande, capitale de la Sogdiane, dont il se rend maître; va toujours en avant ravageant le pays; pénétre dans celui des Sacques où il épouse Roxane, fille d'Oxiarte l'un des rois du pays; rabat vers l'Indus; passe ce fleuve, s'avance jusqu'aux bords de l'Hydapse; y bat l'armée de Porus, un des rois de l'Inde, auquel il laisse son royaume, touché de la grandeur d'ame de ce prince. Il s'avance ensuite dans le cœur de l'Inde; subjuge un nombre infini de nations diverses; marche contre les Cuttéens; peuple très-vaillans, qui s'étaient ligués avec leurs voisins pour défendre leur liberté, et les défait en bataille rangée.

Alexandre passe ensuite l'Hydapse, entre dans le pays des Malliens, les soumet; pénètre dans le pays des Oxidraques et dans celui des Sabraques, nations puissantes, mais qui, frappées de terreur à l'arrivée de ce prince, se rendent à lui. De-là, continuant sa route vers l'extrémité de l'Asie, il arrive à Patale, où l'Indus se partage en deux larges bras. Il fait embarquer son armée sur le bras droit de ce fleuve, il pénètre jusqu'à l'Océan Indien, et manque d'être emporté avec son armée par la rapidité du flux, dont il n'avait pas encore entendn parler. De retour à Patale, il fait tout préparer pour son départ; nomme Néarque pour commander la flotte, sur laquelle il fait embarquer l'élite de ses troupes; pour lui il prend sa route par terre vers Babylone, à travers la Gédrosie et la Carmanie, y arrive et y meurt.

Celui qui, avant de lire Quinte-Curce, aura acquis une notion exacte de la situation de tant de pays compris entre l'Hellespont, le pays des Scythes, l'Hidapse, l'Océan Indien, les déserts de la Lybie et la partie orientale de la Méditerranée, ne retirera-t-il pas plus de fruit de la lecture de cet historien que celui qui se contentera de se charger la mémoire de tous les faits qu'il raconte, sans se mettre en peine de connaître la scène qui les a éclairés.

Ou du moins, si en lisant la vie du destructeur de l'empire des Perses, du vainqueur de l'Asie, on s'attache à ses pas depuis l'instant où il quitte la Macédoine jusqu'au moment ou il se trouve à l'extrêmité de l'Asie, ne sera-t-on pas plus à portée d'apprécier tout ce que les historiens qui ont copié Quinte-Curce, nous racontent de cet oppresseur, de ce destructeur de tant de nations, de ce fléau d'une des plus belles parties de l'univers.

Carthage, cette fière rivale de Rome, voit d'un œil jaloux la puissance de celle-ci s'aggrandir chaque jour. Elle saisit avec empressement toutes les occasions qui se présentent pour humilier son orgueil; s'allie et prend parti avec tout ce qui est ennemi du nom Romain. Rome à son tour entre en jalousie avec les Carthaginois devenus trop puissans dans son voisinage. De-là les guerres puniques, qui se firent avec fureur de part et d'autre, et avec des succès si variés.

La division se met dans le Sénat de Carthage. Elle commence de baisser, et ne se soutient plus que par Annibal. Ce redoutable ennemi du nom Romain se dispose à porter la guerre au centre de l'Italie. Il passe en Espagne; ruine Sagonte alliée des Romains; franchit les Pyrenées; passe le Rhône et les Alpes; tombe comme dans un moment sur l'Italie; défait Publius Scipion auprès du Tésin; Sempronius Longus sur la Trébie; Flaminius sur les bords du lac Trasimène; Publius Varon à la célèbre journée de Cannes.

Où sont les ruines de Sagonte? Où sont situées les Pyrénées? Où coule le Tésin? Quelle partie de l'Italie arrose la Trébie? Où est le lac Trasimène? A quelle distance de Rome était situé le village de Cannes? Qui ne le sait pas n'a qu'une idée confuse et imparfaite de l'expédition d'Annibal, et ne peut suivre avec intérêt ce héros allant jetter l'épouvante dans Rome.

Elle sortit triomphante de tant de périls, subjugua

l'univers, le maîtrisa pendant des siécles; mais son ambition devait avoir un terme. La révolution qui prépara sa chûte, fut universelle. Les secousses qu'elle occasionna se firent sentir à la fois sur tous les points de l'Empire.

D'où sortirent ces hordes inombrables, et toujours renaissantes, qui se répandirent dans toutes les provinces avec la rapidité d'un torrent? Certes les Romains étaient bien loin d'imaginer et de prévoir que toutes ces nations qu'ils ne connaissaient que sous le nom de *barbares*, qu'ils avaient toujours traitées avec tant de mépris et de hauteur, se leveraient un jour tout-à-coup, et porteraient à leur puissance des coups dont elle ne devait jamais se relever.

Les Goths et les Vandales abandonnent les forêts stériles de la Scandinavie, et les rives glacées de la Baltique; fondent sur les provinces septentrionale de l'Empire; les ravagent; vont vers le midi de l'Europe chercher des climats plus heureux; saccagent l'Italie et finissent par s'emparer d'une partie de la Gaule Transalpine, de l'Espagne et de la Lusitanie.

Les

Les Angles et les Saxons quittent les rives de l'Elbe, subjuguent la Bretagne, et lui donnent leur nom.

Les Francs, jadis voisins des Palus-Méothides, habitués depuis quelques siécles dans cette partie de la Germanie qui leur dut son nom, passent et repassent à chaque instant le Rhin, battent les Romains en mille rencontres sur les bords de ce fleuve, les chassent enfin des Gaules où ils demeurent les maîtres

Les Huns quittent les rives du Jaïk, passent le Wolga, désolent tout l'univers avec une armée immense, sous la conduite d'Attila, le plus affreux de tous les hommes. Ætius le défait dans les Gaules; mais il ne peut l'empêcher de ravager l'Italie.

Les Hérules accourent des bords du Pont-Euxin. Augustule est dépossédé, et l'Empire d'Occident périt sans ressource. Trente États souverains, dont quelques-uns subsistent encore aujourd'hui, sortent de ses ruines, et s'en disputent avec fureur les lambeaux épars. De-là ces divisions funestes, ces guerres longues et cruelles, dont le détail ensanglante les pages de l'Histoire: de-là enfin ces révolutions, qui, en changeant de nouveau la face du Globe, n'ont fait que perpétuer les maux de l'espèce humaine.

L'histoire de toutes ces révolutions célèbres, est, nous osons le dire, un livre fermé pour quiconque ne connaît pas l'état ancien de l'Europe, de la plus grande partie de l'Asie et de l'Afrique, pour celui qui ignore quelles parties du Globe habitèrent tant de nations diverses qui ont joué un si grand rôle dans toutes ces révolutions.

La face du Globe se trouva donc entièrement changée après la destruction de l'Empire. La plupart des Nations qui formèrent de ses débris des Etats souverains, donnèrent leur noms aux provinces dont elles s'emparérent. La Bretagne se nomma l'Angleterre : la Gaule Transalpine la France : la Gaule Cisalpine, après que les Lombards s'y furent fixés, s'appella la Lombardie, etc. etc.

Cette époque de la destruction de l'Empire Romain est extrêmement intéressante pour l'étude de la Géographie. Chaque Nation ne posséda pas d'abord en totalité la province qu'elle enleva aux Romains. Les Angles et les Saxons n'occupèrent d'abord que la partie méridionale de la Bretagne : celle du Nord resta long-tems sous la domination des Pictes, (Nation sauvage que les Romains ne purent jamais dompter)

La Gaule Aquitanique ne fit pas, dans les commencemens, partie du royaume des Francs : elle était sous la domination des Goths, etc. etc.

Ainsi, si l'on ne saisit pas les grands changemens qui se firent sur la surface du Globe, au moment ou quelques années après la chûte de Rome, on n'aura qu'une idée confuse de tant d'États divers qui sortirent des ruines de l'Empire, et l'Histoire du moyen âge ( car c'est ici qu'elle commence) n'offrira que ténébres et confusion.

Elle nous présente aussi, cette histoire du moyen âge, une foule de révolutions et d'événemens plus intéressans les uns que les autres, et dont il est impossible de suivre le détail sans le secours de la Géographie. Si elle nous offre moins de ces conquêtes rapides qui ont tant de fois bouleversé l'Univers, les événemens et les faits qu'elle nous met sous les yeux, doivent nous être d'autant moins indifférens qu'étant plus près de nous, il nous intéressent d'une manière particulière, et qu'il nous importent davantage de saisir le fil des changemens qui en ont été la suite nécessaire.

Les Hérules sont bientôt chassés de l'Italie par

Théodoric, roi des Ostrogoths ou Goths orientaux, qui fonde le royaume d'Italie. Les Romains achèvent de perdre les Gaules par les victoires de Clovis. Aprés sa mort ses quatre fils partagent entr'eux son empire, et cette monarchie, encore mal affermie, se trouve tout-à-coup morcelée dans ses différentes parties.

L'Empire d'Occident se défend encore, mais faiblement. Les exploits de Narsés et de Bélizaire le soutiennent quelques tems sur le penchant de sa ruine. Ces deux fameux capitaines répriment les Perses (car ils reparaissaent toujours), défont les Ostrogoths et lès Vandales, rendent à leur maîtres l'Afrique, l'Italie et Rome; mais ces brillans succès ne produisirent pas pour le rétablissement de l'empire l'effet qu'on devait en attendre. Justinien fut ingrat. Il ne sut ni apprécier ni reconnaître les services de Bélizaire et de Narsés.

La mort de ces deux grands hommes ouvre de nouveau l'Italie à l'incursion des barbares. Alboin fonde le royaume des Lombards: Rome et Ravenne se sauvent à peine de ses mains; et les Lombards font souffrir aux Romains des maux extrêmes. Chosroès, à la tête des Perses, ravage l'Orient que les Avares, nations Scythique, et les Sarrazins, peuples venus d'Arabie, tourmentent de tous côtés.

L'Univers se voit tout-à-coup menacé d'un plus grand mal encore. Un guerrier qui feint d'être inspiré, soumet toute l'Arabie de gré ou de force en neuf ans. Mahomet jette les fondemens de l'Empire des Califes, et fonde une nouvelle religion: on la prêche le sabre dans une main et l'Alcoran dans l'autre.

L'Asie est ravagée d'une manière horrible par les Sarrazins; ils occupent la Syrie et la Palestine; la Perse leur est ouverte par ses divisions intestines; ils prennent ce grand royaume sans résistance; s'emparent de la Lycie et de la Cilicie; font trembler Constantinople et entrent en Afrique, dont ils font une de leurs provinces.

Le débordement de ces terribles Sarrazins vient fondre sur l'Europe.

Le comte Julien, outré de l'insulte faite à sa fille par un roi des Wisigoths, couve une vengeance attroce. Il appelle les Sarrazins établis en Afrique; leur livre sa patrie, et la domination des

Goths est anéantie en Espagne. Ces redoutables ennemis pénètrent au sein de la France, en dévastant le sol à mesure qu'ils avancent. Charles - Martel peut seul arrêter ce torrent destructeur; et sa valeur sauve la patrie d'une ruine totale.

Cette victoire de Charles-Martel (1) produisit de grands avantages pour l'agrandissement de la Monarchie Française. Les Gaules n'eurent presque plus rien qui n'obéit aux Français, et le royaume s'étendit jusqu'aux Pyrénées.

Cependant les Lombards tourmentaient toujours les Romains. Charles-Martel, dont ils avaient imploré le secours, force leur roi Luitprand à faire la paix. Rome perd ce puissant protecteur, et elle est aussitôt menacée de nouveau. Pepin, fils de Charles-

(1) Ce fut en 732 que Charles Martel défit les Sarrazins; Abderame leur général, fut tué dans le combat. Cette bataille, si célèbre dans notre histoire, se donna entre Poitiers et Tours, ou les deux armées s'étaient rencontrées. Il y eut un carnage effroyable. Quelques historiens prétendent que les Français y tuèrent trois cents soixante-quinze mille Sarrazins, et qu'ils n'y perdirent de leur côté, que quinze cents hommes; mais tout cela est exagéré.

Martel (c'est le premier roi de la seconde race), ne montre pas moins de zèle à défendre Rome. Il passe les Alpes et réduit Astolphe, roi des Lombards, à une paix équitable.

Le nouveau protecteur à peine éloigné, les Lombards rompent le traité que leur avait dicté la force. Rome est assiégée de nouveau: Pépin repasse les monts; contraint les Lombards à faire une paix plus honteuse encore; et les met hors d'état de nuire désormais aux Romains.

Ici commence pour l'italie et pour une partie de l'univers un nouvel ordre de choses bien fait pour étonner. Je parle de la puissance temporelle des pontifes de Rome. Charles-Martel et Pépin furent les véritables auteurs de cette puissance qui éleva depuis la tiare et les mitres au niveau et même au-dessus de la couronne des souverains: puissance, qui, s'agrandissant encore dans les siècles suivans, a représenté fidèlement la monarchie universelle de l'ancienne Rome. Charles-Martel et Pépin ne prévirent sûrement pas qu'en donnant la main à l'agrandissement de la puissance temporelle des papes, ils préparaient à leurs successeurs et aux autres potentats de l'Europe des embarras et des revers bien étranges.

Les Lombards avaient juré la perte de Rome, et ne tendaient à rien moins qu'à se rendre les maîtres en Italie. Didier avait envahi le patrimoine de St. Pierre (ce n'était pas un petit attentat). Il fallait un protecteur puissant pour l'arracher de ses mains. Le pape le trouva dans la personne de Charlemagne. Il passe les monts (an 774), entre dans l'Italie par deux endroits ; détrône Didier en passant, et met fin à l'empire des Lombards.

Tant de services, et rendus d'une manière si généreuse, commandaient la reconnaissance. Léon III ne fut point ingrat.

Charlemagne étant à Rome (an 800) est couronné Empereur d'occident; et l'on se flatte que la Capitale du monde va recouvrer son ancienne splendeur; mais les révolutions qui suivirent de près cette grande époque, devaient bientôt détacher la couronne impériale de la monarchie Française ; et l'Empire d'Occident devait de cette fois périr pour ne plus jamais reparaître.

Tandis que les Maures (c'est le nom qu'on donnait aux Sarrazins d'Afrique ) tourmentent le midi de l'Europe ) le Nord reproduit tout-à-coup ces hordes innombrables de brigands féroces, qui, plus terribles encore que ces anciens peuples Scandinaves qui désolèrent les provinces de l'empire Romain, ravagent d'une manière terrible une partie des plus belles provinces de la France.

Charlemagne avait inutilement pris les plus sages mesures pour opposer une barrière à ce torrent destructeur, à la fureur de ces terribles ennemis qui faisaient des descentes continuelles sur nos côtes toujours marquées par des ravages extraordinaires et desastreux. Les déplorables divisions, qui éclatèrent entre les fils de Louis-le-Débonnaire, fils et successeur de Charlemagne, portèrent le mal au comble : toutes les provinces furent tout-à-coup livrées aux incursions les plus désolantes : tout fut ravagé ; et quatre siècles d'infortune firent voir aux Français combien ils avaient été peu sages en s'acharnant à déchirer de leurs propres mains le sein de la Patrie, au lieu de tourner contre les Normands toutes leurs forces réunies.

Cependant les ravages des Sarrazins vont toujours

croissans. L'Europe n'est pas seule le théâtre de leurs fureurs. Ces redoutables ennemis du monde entier, poussent leurs conquêtes bien avant dans l'Asie : L'Orient est menacé d'une subversion totale ; et ce débordement impétueux, que rien ne peut arrêter, va de nouveau changer entièrement la face du Globe. La Palestine tombe au pouvoir de ces redoutables vainqueurs : le temple de Jérusalem est détruit, et ce qu'on appellait les lieux saints, est profané.

Le bruit de tant de désastres se répand rapidement, dans toute l'Europe. Ainsi que les habitans du Nord s'étaient précipité sur nos contrées, nous allons nous jetter sur les Turcomans. (C'est le nom que l'on donnait alors à une partie des Sarrazins).

La conquête de l'Asie est résolue : elle est assurée. Cinq millions d'hommes sont soudain sous les armes à la voix d'un hermite. Princes gentils-hommes, paysans, moines, les femmes même, tous veulent avoir part à la sainte expédition. Les terres deviennent incultes, les arts sont abandonnés, les campagnes et les villes dépeuplées. Cette épidémie qui desola dabord la France, gagne tout-à-coup presque tous les autres Etats de l'Europe, y exerce, pendant deux siécles, ses cruels ravages; et les fameuses Croisades dépeuplent l'Europe pour ensanglanter l'Asie

Cette époque fameuse où les peuples de l'Europe allèrent inonder l'Asie, est intéressante pour l'étude de la Géographie, parce que c'est dans ce période de tems que plusieurs Etats, dont une partie subsistent encore aujourd'hui, semblent avoir pris leur consistance: les Croisades firent sortir la Géographie du cahos de huit sècles d'ignorance; ces émigrations, fréquentes et lointaines, apprirent aux peuples de l'Europe à connaître la partie occidentale de l'Asie et Gengis, qui, à la tête des tartares, ravageait son extrémité orientale, fixa les regards du côte de ses conquêtes qui surpassèrent celle d'Alexandre et des Romains. L'Europe vit de nouveaux pays, de nouveaux cultes, de nouvelles mœurs, et elle conçut le dessein de s'insturire. Plusieurs Européens, guidés par la curiosité, parcoururent l'Asie, et contribuèrent à étendre les notions sur la connaissance du Globe.

Bientôt elles devaient s'accroître d'une manière bien plus rapide encore, et la découverte du nouveau

Monde allait étonner tous les esprits, et renverser tout-à-coup le dogme antique de ceux qui niaient obstinément l'existence des Antipodes.

L'immortel Christophe Colomb avait deviné et pressenti l'Amérique. Il a le courage de la chercher et la gloire de la toucher le premier: Tandis qu'il agrandit le monde, les Portugais font le tour de l'Afrique, et s'ouvrent un chemin nouveau aux Indes-orientales, et le globe se dessine tout entier pour la première fois aux yeux de l'homme.

La découverte de l'Amérique jetta sur la Géographie une lumière vive et éclatante, qui jusqu'ici ne l'avait point encore éclairée, et la renaissance des lettres, qui suivit de près cette époque célèbre, acheva de mettre dans tout son jour l'utilité et la nécessité de cette science, dont l'étude devenait de jour en jour plus indispensable.

Nous devons encore la remarquer cette époque de la renaissance des lettres (sous François I^er^. au commencement du seizième siècle) puisqu'à elle commence l'histoire du dernier âge. Si celle-ci n'a point à nous raconter de ces grands événemens, de ces révolutions rapides, qui ont tant de fois bouleversé l'Univers entier, elle ne nous offre pas des tableaux bien plus consolans.

Les disputes de religion attirent tout-à-coup sur la plupart des Etats de l'Europe des fléaux plus terribles encore que tous ceux qui l'avaient jusqu'alors désolée: le flambeau de la guerre civile s'allume de tous côtés; et les habitans des mêmes contrées, se précipitant avec fureur les uns sur les autres, déchirent d'une main cruelle le sein de la patrie.

Il est impossible sans le secours de la Géographie de suivre ces mouvemens terribles qui agitèrent l'Europe à cette époque funeste. L'orage grondait au loin depuis long-tems Il éclate tout-à-coup. Les esprits s'allument en France, en Allemagne et dans tous les Etats du Nord. L'acharnement et la fureur multiplient les desordres de tous côtés. Enfin les fureurs du catholicisme et du protestantisme, font couler des torrens de sang; et les chefs des deux partis, disputent à qui offrirait à l'univers le tableau d'une cruauté plus horrible et plus raffinée.

Le sang français versé par des mains françaises, ve grossir (aux journée des Dreux en 1563, de Jarnac et de Montcontour en 1569) les eaux de la Rance, de la Charente et de la Blaise; et ces jeux cruels ne sont que le prélude des désastres affreux qui doivent désoler la France, et des coups terribles qui doivent frapper sur tous les points à la fois. Le fanatisme, le fer et la torche à la main, la parcourant d'une extrémité à l'autre, offre à l'univers étonné, stupéfait, des crimes et des forfaits dont les annales du monde ne présentent point d'exemples. La flamme dévore, le sang innonde les cités, les bourgades, les hameaux, sans que l'on puisse entrevoir le terme de tant de désastres, où aboutiront tant de fureurs.....

Tous ces exemples et tant d'autres que nous fournit l'Histoire des différens âges, prouvent la correspondance intime entre celle-ci et la Géographie; et sans les lumières et les secours qu'elles se prêtent mutuellement, on ne peut, nous le répétons, se former une idée juste, et acquérir une connaissance exacte de tous ces grands changemens auxquels les différentes révolutions ont donné lieu.

Envisagée sous ce point de vue, l'étude de la Géographie est donc d'une nécessité absolue, puisque sans les lumières qu'elle répand sur l'Histoire il est impossible de mettre chaque Etat à sa place, d'en fixer les limites, d'en connaître les ressources, ce qui jette une confusion étrange dans le recit et dans la lecture des événemens, parce que ne pouvant les suivre exactement sur les lieux où ils se sont passés il est impossible d'en saisir le fil et d'en appercevoir l'ensemble.

Ainsi l'Histoire, sans les lumieres que lui prête la Géographie, n'est qu'une masse rude et indigeste; l'une est à l'autre ce que la lumière est à un vaste tableau: ce qui a fait dire au célèbre Voissius que la Géographie est un des yeux de l'Histoire.

La chronologie qui est l'autre, ne lui est pas moins nécessaire, et devient conséquemment très-utile à la Géographie; car celle-ci, si elle se borne à fixer les limites des Etats, à mettre chaque Nation à sa place, ne procurera pas sans doute tout l'avantage qu'on doit s'en promettre. Elle devient bien autrement intéressante, quand en assignant à chaque peuple la place qu'il a occupée ou qu'il occupe sur le Globe, elle fait connaître en même-tems ses mœurs ses usages, le dégré de puissance où il est parvenu, les causes et les événemens qui ont amené sa ruine;

et, considéré sous ce nouveau point de vue, la Géographie ne peut guères se passer des lumières de la Chronologie, puisque les mœurs des peuples ont un rapport si marqué avec le tems où ils ont existés.

Tout ceci suppose dans celui qui se livre à l'étude de la Géographie quelque connaissance de la Chronologie, ou au moins qu'il ne négligera pas, en s'occupant de l'étude de l'une d'acquérir quelques notions de l'autre. La Chronologie a ses épines, sans doute; mais, sans égarer dans le dédale de ses difficultés ceux qui ne font que de commencer à étudier la Géographie, ne pourrait-on pas leur faire connaître au moins les époques célèbres d'où datent les changemens mémorables que la suite des siécles a introduits dans l'univers; et ne seraient-il pas alors bien plus à portée de connaître le rapport que l'Histoire d'un peuple peut avoir avec celle d'un autre qui aura existé en même-tems.

Enfin, quand tout ce que l'on vient de dire ne metterait pas dans le plus grand jour l'utillité et la nécessité de la Géographie, les événemens dont nous sommes témoins, et qui ne peuvent nous être indifférens

indifférens, nous démontrent plus fortement encore son indispensable nécessité

La France, sous ses rois, a eu, comme tous les autres Etats, de longues et cruelles guerres à soutenir; mais comme elles ne se faisaient que de despotes à despotes (peut-être faut-il en excepter les guerres de religion), la Nation, tout en versant son sang, n'y prenait pas un intérêt bien marqué, parce qu'en s'aveuglant sur les motif de ces sanglans débats, elle n'entrevoyait pas l'étrange abus et l'inutile emploi qu'on faisait de ses forces. Elle faisait des sacrifices; mais ils ne servaient qu'à satisfaire la vengeance particulière de ses oppresseurs, ou l'ambition des tyrans subalternes, souvent celle des personnages plus vils encore.

L'Etat depuis la fondation de la monarchie éprouva constamment des secousses violentes qui le mirent plus d'une fois à deux doigts de sa perte. Le sang français coulait à grands flots, et les français restaient toujours courbés sous le joug de la tyrannie et avilis sous la verge du despotisme.

Honteux enfin, et las de verser leur sang pour des querelles qui leur étaient en quelque sorte étrangères, les descendans des Francs et des Gaulois reportent soudain leurs regards vers ces siécles fortunés où une égalité parfaite régnaient entre les citoyens, et où la Nation parfaitement libre, n'avait à sa tête que des chefs amovibles, dont elle savait enchaîner l'ambition et limiter le pouvoir quand ils voulait abuser, ou qu'il ne se dirrigeait pas vers le bonheur commun et la félicité publique: les descendans des Francs, dis-je, brisent d'une main forte les fers qui les enchaînaient, et se débarassent de ces êtres avilis, dont l'ambition, la cruauté et l'ineptie avaient ourdi la trame de leurs longs malheurs.

La Nation Française ne devait pas, en brisant ses chaînes, se flatter que le despotisme verrait d'un œil indifférent et tranquille les généreux efforts qu'elle faisait pour assurer sa liberté. La France, avant de parvénir au terme de ses hautes destinées, devait, comme tous les autres Etats qui ont fait quelques pas vers la liberté, éprouver ces secousses violentes qui aconpagnent les grandes révolutions, et qui sont toujours l'ouvrage des mauvais citoyens

Tous ces êtres dangereux qu'elle avait vomi de son

sein, elle devait croire que bientôt, en suivant l'impulsion de la fureur qui les transporte, ils allaient remuer contr'elle, s'il se peut l'univers entiers, pour lui redonner de nouveaux fers et la replonger dans le cahos de son antique esclavage.

On entrevoit à peine l'aurore de la liberté, que la guerre s'allume soudain de tout côtés. Les potentats de l'Europe, tremblants sur leurs trônes ébranlés, s'agitent en tous sens : la pátrie ( car c'est ici que les Français commencent d'en avoir une ), est menacée à la fois sur tous les points. Des frontières de la Belgique aux Pyrénées : des bords de l'Océan aux rives du Rhin, jusqu'au pied des Alpes, tout est en mouvement, bientot tout est en feu. ces hordes sanguinaires et féroces que la perfide et le parjure appellent à grands cris, menacent de porter le fer et la flamme au sein de la patrie; mais la jeunesse française est là; les armées républicaines sont sur pied. si les trahisons multipliées retardent pour quelque tems le cours de leur triomphes, elles ne peuvent enchaîner la valeur des guerriers.

Vainement le fanatisme, en prêtant au despotisme ses secours perfides, allume la guerre civile au sein de la patrie, et promène ses brandons sur une partie des plus belles contrées de la France. La cause de la liberté devait triompher : les despotes et les mauvais citoyens ligués contr'elle, commencent à entrevoir que tous les efforts qu'ils font pour rejetter au sein de la patrie cette foule d'oppresseurs dont elle s'est débarassée, sont inutiles; et ils sont forcés de se souvenir que les Tarquins, une fois chassés de Rome, n'y rentrèrent jamais.

Il n'en était pas de la guerre de la liberté comme de celles qui avaient jusqu'ici désolé la France : on ne pouvait s'en dissimuler ni le motif ni le but : la Nation entière y était intéressée.

Les vrais amis de la liberté, les partisans de l'anarchie et du despotisme les bons et les mauvais citoyens, tous veulent suivre la marche des armées républicaines : les uns pour applaudir à leurs tiomphes : les autres pour se réjouir de leurs revers passagers, et les exagerer afin de décourager la partie seine de la Nation.

De-la l'empressement que chacun met à se procurer les papiers publics ; mais, il faut le dire, tous n'ont pas retiré de la lecture assidue qu'ils en ont faite tout l'avantage qu'ils devaient s'en promettre, parce que n'ayant pour la plupart qu'une connaissance imparfaite de la situation des lieux qui ont été tant de fois le théâtre des triomphes des armées républicaines, ils n'ont pu se former qu'une idée trés-incomplette des difficultés que les défenseurs de la patrie ont eues à surmonter, de tous les dangers qu'ils ont courus pour faire triompher la cause de la Liberté

Annibal franchit les Pyrenées et les Alpes; mais il n'eut rien à vaincre que les obstacles que lui opposait la nature: des armées nombreuses ne l'attendaient pas au sommet de ces montagnes pour lui en disputer le passage. Ses soldats légèrement armés, peu embarrassés de leurs lances et de leurs boucliers, purent aisément gravir les rochers, franchir les précipices : car l'art n'avait pas semé sous ses pas des obstacles plus difficiles encore à vaincre que ceux de la nature.

Les Germains ne cessaient d'envoyer des secours aux Gaulois. César, pour les en punir, se détermine à porter la guerre au centre de leurs États. Il fallait passer le Rhin. César ne croit pas de la dignité de l'Empire, ni de la sienne de le passer autrement que sur un pont, il en jette un sur ce fleuve, sa largeur et sa profondeur, jointes à sa rapidité, furent les seules difficultés qu'il eut à vaincre; l'ennemi ne l'attendait pas sur la rive opposée. Il pénétra jusqu'aux bords de l'Océan Germanique; mais son armée, avant de passer le Wahal, et de parvenir à l'embouchure du Rhin, n'avait pas hiverné sur les eaux glacées de la Meuse. Il dompta les Gaulois Cisalpins, vainquit les Allobroges et les Helvétiens, soumit les Aquitains, les Celtes, les Belges et une partie des Bretons, (1) mais il lui fallut dix ans pour subjuguer ces peuples.

Rome, à cette époque n'avait pas à se défendre contre trente tyrans ligués à la fois contr'elle. Les armées républicaines ont en moins de six ans fait respecter le nom Français depuis les bords de l'Océan et

(1) César ne pénetra pas fort avant dans la Bretagne (l'Angleterre), ce ne fut que long-tems après lui que les limites de l'Empire Romain furent reculées jusqu'aux rives de la Tinne. Cette rivière, qui arrose la partie septentrionale du Northumberland; séparait la Bretagne proprement dite du pays des Pictes. La muraille que les Romains furent obligés de bâtir pour mettre cette province, après qu'ils en eurent achevé la conquête, à l'abri de l'incursion de ces peuples, qu'ils ne purent jamais dompter, s'étendait en grande partie le long de la Tinne,

de la Manche jusqu'aux rives du Danube, depuis les rives de l'Escaut et l'embouchure de la Meuse jusqu'aux bords de la Bidassoa, de l'Ebre, du Pô, de l'Adige, de la Brenta, de la Mer Adriatique, du Tibre et de la Mer Egée...

Les faits parlent ici plus fortement que toutes les réflexions : nous devons les supprimer.

Quand la Géographie, considérée sous le rapport et les liaisons intimes qu'elle a avec l'Histoire, ne serait pas aussi nécessaire qu'elle est, on ne devrait pas pour cela en négliger l'étude, étant si propre à orner l'esprit d'une infinité de connaissances aussi utiles qu'agréables par l'usage continuel qu'on en peut faire.

Tout habitant d'un pays libre doit être instruit des intérêts de sa patrie. Il ne saurait lui être indifferent d'ignorer ses relations avec ses voisins, leur politique, leurs projets, ce qu'ils peuvent entreprendre pour troubler le repos de l'État ou pour attaquer sa liberté.

S'il y eut jamais circonstances où l'on dut sentir vivement toutes ces vérités, ce sont, sans doute, celles où la France s'est trouvée depuis qu'elle a recouvré sa liberté.

La plupart des nations policées de l'ancien et du nouveau monde, ont pris part à notre révolution d'une manière plus ou moins active. Nos relations avec elles ne peuvent manquer de devenir bien autrement intéressantes qu'elles n'ont été jusqu'ici. Il nous importe donc de ne pas les perdre de vue, afin d'être toujours à portée d'entrevoir ce que nous avons à en espérer ou ce que nous pourrions avoir à en craindre.

Enfin, pour terminer ce discours peut-être déjà trop long, tout citoyen qui n'a pas acquis quelques notions de la Géographie, est comme étranger au reste de l'Univers. Il ne voit rien au-delà de l'horison étroit qui borne le pays qui l'a vû naître. Celui au contraire qui n'en a pas négligé l'étude, ayant continuellement sous les yeux tous les peuples répandus sous les différens points du globe, est toujours à portée d'entrevoir leurs projets, de saisir le fil des événemens, de remarquer ceux qui peuvent porter atteinte à la liberté, ou qui peuvent être utiles à la patrie.

GÉOGRAPHIE

# GÉOGRAPHIE
# MODERNE
# DE LA FRANCE,
## PAR LE COURS DES FLEUVES ET DES RIVIÈRES.

---

### *PREMIÈRE PARTIE.*

---

*Elle comprend 1°., un Traité abrégé de la Sphère et du Globe terrestre considéré selon ses rapports avec la Sphère. 2°. L'explication des termes propres à la Géographie, celle des différentes espèces de Gouvernemens et la distribution générale du Globe. 3°. La description de l'ancienne Gaule, avec un précis rapide de l'histoire des Gaulois et des Francs.*

---

## CHAPITRE PREMIER.

### *De la Sphère et du Globe terrestre.*

LA connaissance de la Sphére et du Globe terrestre est-elle absolument nécessaire? Peut-on se flatter de faire quelques progrès dans l'étude de la

Géographie si, avant de s'y livrer, on n'a pas acquis une notion suffisante de l'une et de l'autre.

La réponse à ces questions ne peut être embarrassante; car, si en étudiant la Géographie, on se propose uniquement de connaître le nom d'un pays, ou celui de quelques-unes des Villes les plus remarquables que chaque État renferme, il n'est pas nécessaire d'avoir des notions bien étendues de la Sphère et du Globe; mais aussi faut-il avouer que cette manière d'étudier la Géographie n'offre pas des résultats bien intéressans, et si c'est là l'unique but qu'on se propose, on ne retirera pas de l'étude de cette science tout le fruit qu'on doit s'en promettre, soit pour l'étude de l'Histoire, soit pour les différens usages de la vie; car il sera toujours très-difficile de mettre chaque état à sa place, de saisir le rapport que les différens peuples peuvent avoir les uns avec les autres, ce qui est l'objet principal vers lequel on doit tendre en étudiant la Géographie. Cette science devient bien autrement intéressante quand, en offrant sous un seul point de vue l'ensemble de toutes les parties de l'univers, elle fait voir le rapport qu'elles ont entr'elles, et, envisagée sous ce point de vue, la connaissance de la Sphère et du Globe devient d'une nécessité absolue, puisque sans elle il est impossible de concevoir quelle correspondance toutes les parties du Globe que nous habitons, ont avec le Ciel, de saisir le rapport de toutes ces mêmes parties les unes avec les autres.

D'ailleurs nous avons journellement sous les yeux une infinité de phénomènes dont il est impossible de rendre compte, si l'on ignore l'usage que l'on peut faire de la Sphère et du Globe en étudiant la Géographie.

La durée des jours n'est pas la même pour tous les peuples de la terre; les uns les ont toujours égaux; ils ne le sont pour quelques-uns que deux fois l'année; les uns ont midi quand les autres ont minuit; les uns ont l'été quand les autres ont l'hiver; les chaleurs sont pendant toute l'année excessives pour ceux-ci, le froid l'est pour ceux-là; quelques-uns ont en même tems les saisons de l'année semblables, d'autres les ont différentes; les uns ont la nuit, quand les autres ont le jour.

Tout ceci, il faut en convenir, est inconcevable pour celui qui n'a aucune notions de la Sphère ni du Globe. Celui au contraire qui s'en sera procuré une connaissance exacte, avant de se livrer à l'étude de la Géographie, sera toujours à portée d'entrevoir et de saisir la cause de tous les changemens qui arrivent chaque année, soit dans la durée des jours et des nuits, soit daus la variété ou la vicissitude des saisons, de connaître les pays qui éprouvent successivement plus ou moins de chaleur et de froid, etc. etc.

Vainement donc se flate-t-on d'acquérir une connaissance raisonnée de la Géographie, si l'on néglige de se procurer une notion suffisante de la Sphère et du Globe terrestre.

## ARTICLE I.

### *De la Sphère.*

Le mot *Sphère* veut dire *boule.* La Sphère est une machine ronde qu'on a inventé pour représenter le monde.

On distingue deux sortes de Sphères ; la *Sphère armillaire* ou *céleste* ; la *Sphère solide* ou *terrestre*, On peut les appeler l'une et l'autre *Sphères artificielles*, parce qu'elles représentent plusieurs parties de la Sphère naturelle qui n'est autre chose que cet univers que nous habitons, c'est-à-dire, le Ciel et la Terre.

### *De la Sphère armillaire.* (1)

La Sphère armillaire est une machine composée de plusieurs cercles, qui a été inventée pour représenter la disposition apparente de toutes les parties de l'univers, et donner une idée générale de leurs différens mouvemens, suivant les différens systêmes des astromomes.

(1) On la nomme ARMILLAIRE du mot ARMILLA; qui, dans notre langue signifie ANNEAU ou COLLIER, parce que les cercles dont elles est composée resemblent à autant d'anneaux ou de colliers entrépassée les uns dans les autres.

On en compte trois principaux : ceux de Ptolémée, de Copernic et de Ticho-Brahé.

Ces mots *systême* et *hypothèse* signifient la même chose. Un systême est l'assemblage de plusieurs principes, de plusieurs faits, sur lesquels on établit un corps de doctrine, ou, si l'on veut, un systême et l'ordre, l'arrangement que l'on donne à une chose composée de plusieurs parties. Un systême astronomique n'est donc autre chose que la manière dont on explique le mécanisme du monde, d'après des hypothèses plus ou moins probables.

## *Du systême de Ptolémée.*

Vers le milieu du second siècle Ptolémée, célèbre astronome, rassembla les anciennes observations des Chaldéens et des Egyptiens, les premiers peuples qui ayent cultivé l'astronomie, et en composa le Systême qui porte son nom.

Ptolémée place la Terre au centre de l'univers ; au-dessus de la Terre est la région de l'air ; après est celle du Feu ; ensuite les sept planètes dans l'ordre Suivant ; la Lune, Mercure, Vénus, le Soleil, Mars, Jupiter et Saturne ; vient ensuite le Ciel des étoiles Fixes ou le Firmament, et le premier mobile.

La Terre, suivant ce Systême, est immobile au milieu du monde. Le Ciel et tous les astres achèvent leur révolution autour de la Terre en vingt-quatre heures, d'Orient en Occident; de-là leur mouvement commun; ils en font le tour d'Occident en Orient, les uns plus vîte; les autres plus lentement; de-là leur mouvement périodique, ou particulier.

### *Du systême de Copernic.*

Aristarque, Démocrite, Philolaüs et quelques autres anciens philosophes ont soupçonné que la Terre étoit mobile. Copernic, vers le commencement du seizième siècle renouvella et expliqua cette opinion Il place le Soleil au centre du monde, autour duquel tournent Mercure et Vénus, ensuite la Terre et la Lune qui tournent autour de celle-ci; au-dessus de la Terre sont Mars, Jupiter et Saturne, enfin le firmament qui renferme les étoiles fixes.

Le Soleil, suivant ce systême n'a point de mouvement de translation, mais seulement un mouvement de rotation par lequel il tourne sur lui-même, en vingt-cinq jours. La Terre tourne autour du Soleil, et emporte avec elle la Lune. Les autres planètes roulent aussi autour du Soleil.

La Terre, suivant Copernic a deux mouvemens, qui se font tous deux d'Occident en Orient, l'un par lequel elle tourne sur elle-même en vingt-quatre heures; l'autre par lequel elle parcourt l'Éclyptique en 365 jours 15 heures 48 minutes, 49 secondes Le premier de ces mouvemens de la Terre se fait sur son axe; et c'est ce qui donne le jour et la nuit.

L'axe de la terre, dans le second mouvement, reste toujours dans la même position, c'est-à-dire qu'il, est toujours parallèle à lui-même : il arrive de-là que la Terre achevant sa révolution autour du Soleil, en parcourant l'Éclyptique, dont elle ne s'écarte jamais, lui présente les unes après les autres les différentes parties de sa surface, ce qui occasionne la variété et la vicissitude des saisons, et la différence qui se trouve entre les jours et les nuits pour la plus grande partie des habitans de la terre.

Ainsi, suivant Copernic, ce sont les mouvemens de la Terre qui produisent tous les effets que Ptolémée attribue à ceux du Soleil; ensorte que tout ce que l'un dit des mouvemens du Soleil doit s'entendre, selon l'autre, de ceux de la Terre.

### *Du systême de Ticho-Brahé.*

Il est formé des deux précédens. Ticho-Brahé place, comme Ptolémée, la Terre au centre du monde, la Lune tourne autour d'elle; après est le Soleil autour duquel il fait tourner Mercure et Vénus, de sorte que ces deux Planètes sont les satellites du Soleil; au-dessus sont Mars, Jupiter et Saturne; dans ce systême on explique les mouvemens des corps célestes comme dans celui de Copernic.

Comme personne aujourd'hui, ne se met en fait de défendre le systême de Ticho-Brahé, nous n'aurons égard en traitant de la Sphère qu'à ceux de Ptolémée et de Copernic, et nous expliquerons la différence qui se trouve entre ces deux systêmes, dans la manière d'expliquer les mouvemens des corps célestes.

L'un et l'autre de ces systêmes ont leur probabilité. Cependant, si l'on y fait attention, il est difficile de ne pas donner la préférence à celui de Copernic. C'est le sentiment des Savans et de toutes les personnes instruites dans l'astronomie. Mais ce qui doit absolument déterminer à l'embrasser, c'est la difficulté de concevoir comment il se peut faire que le soleil parcoure chaque jour un espace aussi immense que celui qu'on est obligé, quand on adopte le systême de Ptolémée, de lui faire parcourir afin qu'il puisse faire en vingt-quatre heures le tour de la Terre.

En effet le soleil étant, comme nous le dirons, éloigné de la Terre, de quinze millions de myriamètres; ( 30 millions de lieues ); il faudrait qu'il parcourût trois cents trente-deux millions, de myriamètres (1) par jour (660 millions de lieues). 2,414,187 myriamètres par heure; ( 3,928,25 lieues); et environ trente-deux mille deux cents trente-quatre myriamètres par minute, (65,429 lieues).

Le tour de la Terre, au contraire, n'étant que de quatre mille cinq cents myriamètres, chaque point

(1) Un Myriamètre comprend deux lieues moyennes de 2566 toises chacune.

qui se trouve sur un des grands cercles, n'aurait à parcourir que cent quatre-vingt-sept myriamètres par heure, et environ trois myriamètres par minute; en supposant qu'elle tourne sur elle-même.

Or, en comparant ensemble ces deux marches, il paraît infiniment plus probable qu'un point de terre parcourt trois myriamètres par minute, que le Soleil trente-deux mille deux cents trente-quatre. Cela seul est plus que suffisant pour déterminer toute personne qui réfléchit, et qui cherche la vérité de bonne foi, à embrasser le sentiment de Copernic plutôt que celui de Ptolémée.

*Explication de quelques termes qui ont rapport à la Sphère.*

Un *Cercle* est une figure ronde, dont tous les points qui en forment la circonférence, sont également éloignés de celui du millieu, qu'on appelle *centre*.

Le *plan* d'un cercle est l'espace compris entre sa circonférence.

L'*Axe* d'un cercle est une ligne perpendiculaire au plan du cercle, et qui passe par le centre. Les *pôles* d'un cercle sont les deux extrémités de cette ligne.

Une ligne est perpendiculaire sur une autre, quand elle ne penche ni d'un côté ni d'un autre.

La *circonférence* d'un cercle se divise en trois cents soixante parties égales qu'on appelle *dégrés*. Chaque dégrés se sous-divise en soixante *minutes*; chaque minute en soixante *secondes*; chaque seconde en soixante *tierces*, etc.

Les dégrés des cercles de la Sphère armillaire servent à mesurer la distance des astres entr'eux; ceux des cercles de la Sphère solide servent à mesurer celles des différens lieux de la Terre.

Les cercles sont entr'eux *concentriques* ou *excentriques*, *parallèles* ou *obliques*. On appelle concentriques ceux qui ont le même centre; excentriques ceux qui ne l'ont pas. Les cercles parallèles sont ceux qui sont placés à côté les uns des autres, et dont les points qui en forment la circonférence, ne peuvent jamais se rencontrer. Les cercles obliques sont ceux qui sont inclinés les uns sur les autres, ou qui se coupant réciproquement, forment des angles plus ou moins ouverts.

Un *Angle* est l'ouverture de deux lignes, qui se remontrent en un point qu'on appelle le *Sommet* ou la *pointe* de l'angle.

Deux cercles se coupent à angles droits quand ils sont perpendiculaires l'un à l'autre

Le *diamètre* d'un cercle est une ligne droite tirée d'une extrèmité à l'autre de sa circonférence, et qui passe par le centre. Le *demi-diamètre* est la moitié de cette ligne.

Les *Rayons* d'un cercle sont des lignes tirées du centre à la circonférence; ce sont conséquemment autant de demi-diamètres.

L'*Axe* d'un cercle est une partie de sa circonférence comprise entre deux de ses rayons,

### *Des Cercles de la Sphère armillaire.*

On en compte dix; six grands et quatre petits. On appelle les premiers *grands Cercles* parce qu'ils partagent la Sphère en deux parties égales; les autres sont appelés *petits Cercles*, parce qu'ils la partagent en parties inégales. Tous les grands cercles ont le même centre que la sphère; les petits ne l'ont pas.

Les six grands cercles sont, l'Équateur, le Zodiaque, l'Horison, le Méridien et les deux Colures. Les quatre petits Cercles sont, les deux Tropiques et les deux Cercles polaires.

### *De l'Équateur et de ses usages,*

L'Équateur partage la Sphère en deux *hémisphères* (1) dont l'un se nomme *septentrional* ou *boréal*, parce qu'il contient le *pôle* de même nom; et l'autre est appelé *méridionale* ou *austral*, parce qu'il ren-

---

(1) Hemisphère signifie, demi-Sphere, moitié de la Sphère ou du Globe.

ferme le pôle de ce nom. L'Équateur a les mêmes pôles et le même axe que la Sphère, et il est éloigné des pôles du monde de quatre-vingt dégrés. On le nomme encore le *ligne équinoxiale*, parce que quand la Terre, sélon Copernic, ou le Soleil, selon Ptolémée, répond aux deux points où ce cercle coupe l'éclyptique, c'est alors qu'arrivent les équinoxes : ce qui a lieu deux fois l'année: vers le 29 ou 30 ventôse (19 ou 20 mars), et le premier vendémiaire (vers le 22 septembre).

L'Équateur, selon Ptolémée, sert à mesurer le mouvement du Ciel et des astres, qui se fait en vingt-quatre heures d'Orient en Occident autour de la Terre. Suivant ce système ils parcourraient quinze dégrés (1) par heure, soit en montant sur l'Horison, soit en descendent au-dessous, puisque 15 multiplié par 24 donne 360 qui est le nombre de dégrés que chaque cercle contient, ils employeraient par conséquent quatre minutes à parcourir un dégré; car en multipliant 4 par 15 on trouve 60, qui est le nombre des minutes que chaque heure renferme.

L'Équateur sert encore à déterminer la *déclinaison* des astres, qui n'est autre chose que leur distance à l'Équateur; et comme ils s'en éloignent, tantôt du côté du Septentrion, tantôt du côté du Midi, la

(1) chaque dégré renferme douze myriamètres et demi : (vingt-cinq lieues communes).

déclinaison est *Septentrionale* ou *Australe* Quand une planète, la Lune, par exemple, est à l'Équateur, elle n'a point de déclinaison ; mais quand elle répond à l'un ou l'autre tropique ( supposé qu'elle aille jusque-là), sa déclinaison est de 23 d. 30 l., et comme elle ne passe point au-delà de ces cercles, la déclinaison de cette planète est alors la plus grande qu'elle puisse être.

La distance d'un astre à l'Équateur se mesure sur des cercles qu'on appelle *cercles de déclinaison*, ils passent par les pôles du monde ou de l'Équateur, est le coupent par conséquent à angles droits : ainsi la déclinaison d'un astre est égale à l'axe d'un de ces cercles compris entre cet astre et l'Équateur,

Les cercles de déclinaison sont autant de Méridiens. Le Méridien de la Sphère artificielle peut tenir lieu de tous ces cercles ; c'est pourquoi si l'on veut connaître la déclinaison de quelque point de l'Éclyptique, ou de quelque astre qui réponde à ce point ; il suffira de le placer sous le Méridien, et on jugera que sa déclinaison est égale à l'axe du Méridien contenu entre ce point et l'Équateur.

### *Du Zodiaque, de l'Éclyptique et de leurs usages.*

Le Zodiaque est un grand cercle placé obliquement dans la Sphère, en forme de ceinture. On lui donne seize dégrés de largeur : afin de renfermer dans cet espace le cours des planètes qui ne sortent jamais du Zodiaque. On pourrait ne lui en donner que quatorze, car, d'après les observations les plus exactes, les planétes ne s'éloignent de chaque côté de l'Éclyptique que d'environ sept dégrés.

On marque au milieu du Zodiaque la circonférence d'un grand cercle, divisé en trois cents soixante dégrés. On le nomme L'*Éclyptique*, parce que c'est dans le plan ou très-près du plan de ce cercle que se font les éclipses du Soleil et de la Lune, l'Éclyptique représente la trace que la Terre (ou le Soleil) fait chaque année par son mouvement périodique, (nous expliquerons ce mouvement en parlant des astres).

L'Équateur coupe obliquement le Zodiaque et l'Éclyptique en deux parties égales, de sorte qu'il forme avec eux un angle de $23^{d}. 30^{l}$.; par conséquent les pôles de ces cercles sont éloignés les uns des autres de la même quantité de dégrès.

On partage le Zodiaque en douze partie égales de 30 dégrés chacune, qui renferment les douze Signes que la Terre parcourt chaque année.

Ces douze signes dont elle en parcourt un chaque mois: sont, le *Bélier*, le *Taureau*, les *Gemeaux*, l'*Écrevisse*, le *Lion*, la *Vierge*, la *Balance*, le *Sagittaire*, le *Capricorne*, le *Verseau*, les *Poissons*. On exprime tous ces noms, qui sont presque tous tirés des animaux, par les deux vers latins suivans.

*Sunt, Aries, Taurus, Gemini, Cancer, Leo, Virgo, Libraque, Scorpius, Arcitenens, Caper, Amphora, Pisces.*

Les noms de ces signes sont de la première antiquité. Ils furent inventés long-tems avant les Égyptiens, copiés par les Grecs, et adoptés par tous les peuples modernes.

Tous ces signes sont désignés par des marques ou caractères qui les distinguent les uns des autres. Voici les marques caractéristiques de chacun.

| ♈ | ♉ | ♊ |
|---|---|---|
| Le Bélier, | le Taureau, | les Gemeaux, |
| ♋ | ♌ | ♍ |
| l'Écrevisse, | le Lion, | la Vierge, |
| ♎ | ♏ | ♐ |
| la Balance, | le Scorpion, | le Sagittaire, |
| ♑ | ♒ | ♓ |
| le Capricorne, | le Verseau, | les Poissons, |

Il y a trois manières diférentes de diviser les douze signes du Zodiaque. On les partage 1°. en signes *septentrionaux* et en signes *méridionaux* : 2°. en signes *ascendans* et en signes *descendans* : 3°. en signes de *l'Automne*, de l'*Hiver*, du *Printems* et de l'*Été*.

Les signes septentrionaux, c'est-à-dire ceux qui se trouvent dans la partie septentrionale du Zodiaque, sont le Bélier, le Taureau, les Gemeaux, l'Écrevisse, le Lion, la Vierge : on les exprime par les deux vers suivans :

*Bélier, Taureau, Gemeaux, Écrevisse, Lion,*
*Vierge, voila pour le Septentrion.*

Les six autres sont appelés méridionaux parce qu'ils sont dans la partie méridionale du Zodiaque, leur nom se trouve dans ces trois vers,

*Balance, Scorpion, Archer* ou *Sagittaire,*
*Capricorne, Verseau, Poissons,*
*Etant pris trois à trois ils marquent les Saisons.*

Les signes ascendants sont ceux que Ptolémée suppose que le Soleil parcourt, lorsqu'il monte, c'est-à-dire, quand il s'approche tous les jours de plus en plus du Zenith, à midi. Ce sont le Capricorne, le Verseau, les Poissons, le Bélier, le Taureau, les Gemeaux.

Les signes descendans sont ceux qu'il semble parcourir, en s'éloignant du Zenith, ce sont l'Écrevisse, le Lion, la Vierge, la Balance, le Scorpion, le Sagittaire.

Il faut observer que cette division des signes du Zodiaque, n'est exacte, suivant l'ordre dans lequel nous les indiquons, que par rapport aux peuples qui habitent l'hémisphère supérieur de la Terre (je suppose que c'est celui où nous sommes placés); car les signes que ces peuples appelent ascendans leurs antipoques doivent les appeler descendans, puisque

puisque tandis que le Soleil s'approche du Zenith des uns, il s'éloigne de celui des autres.

Le Soleil semble parcourir le signe de la Balance pendant le mois de vendémiaire; le signe du Scorpion pendant celui de brumaire; le Sagittaire pendant celui de frimaire; le Capricorne pendant celui de nivôse; le Verseau pendant celui de pluviôse; les Poissons pendant celui de ventôse; le Bélier pendant celui de germinal; le Taureau pendant celui de floréal; les Gemeaux pendant celui de prairial; l'Ecrevisse pendant celui de messidor; le Lion pendant celui de thermidor; la Vierge pendant celui de fructidor.

Mais tandis que le Soleil semble parcourir chacun de ces signes, la Terre parcourt effectivement le signe opposé; ensorte que quand le Soleil paraît entrer au premier dégré de la Balance, la Terre entre effectivement dans le premier dégré du Bélier, comme nous le dirons en parlant de la Terre considérée comme planète.

Les trois premiers de ces signes répondent à l'Automne, les trois suivans à l'Hiver, les trois autres au Printems, les trois derniers à l'Eté.

Le Soleil semble entrer au signe de la Balance le premier vendémiaire, (le 22 septembre); au signe du Scorpion le premier brumaire (vers le 22 d'octobre), etc.

Il faut encore observer que cette division des

signes du Zodiaque, n'est plus exacte, pour ce qui regarde le mouvement apparent du Soleil, et le mouvement réel de la Terre dans l'Eclyptique, c'est-à-dire, que celle-ci n'entre pas réellement dans le signe du Bélier, quand l'autre semble entrer dans le signe de la Balance, et ainsi des autres mois. Car cette division a été faite lorsque, selon les anciens systêmes astronomiques, le Soleil entrait dans les signes du Zodiaque, aux jours que nous venons d'indiquer; mais ces signes ne répondent plus maintenant aux points du Ciel vis-à-vis desquels ils étaient placés à cette époque, car ce ne sont que des assemblages d'étoiles qui parcourent un dégré en 70 ans; ils en parcourent donc 30 dans l'espace de 21 siècles; conséquemment ils sont éloignés aujourd'hui des points du Ciel auxquels ils répondaient il y a 2,100 ans, d'un nombre égal de dégrés, c'est-à-dire de 30; ils s'en seront éloignés de 60 dans l'espace de 4,200 ans; de 90 dans l'espace de 6,300 ans; de 180 dans l'espace de 12,600 ans; ils ne reviendront donc au point d'où ils sont partis à une époque déterminée qu'au bout de 25,200 ans, puisqu'il leur faut ce nombre d'années pour achever leur révolution périodique.

Cette observation fait voir l'absurdité de l'*astrologie judiciaire*, cette science futile (si cependant on peut donner le nom de science à des rêveries semblables) dont les gens sensés ne s'occupent que pour en faire sentir le ridicule et la fausseté ; puisque quand on dit qu'une personne est née sous tel signe, sous le Scorpion, par exemple, c'était réellement celui de la Balance qui montait sur l'Horison, et ainsi des autres.

Pour suppléer au changement que la progression de ces signes, dans le Zodiaque (elle est actuellement de 30 dégrés environ) a occasionné, les astronomes en distinguent de deux sortes; les uns qu'ils nomment *visibles*, *étoilés* et *mobiles*; ce sont ceux dont nous venons de parler; les autres peuvent se nommer *non étoilés* et *immobiles*; et ce n'est autre chose que le Zodiaque lui même partagé en douze parties égales de 30 dégrés chacune, dont la Terre en parcourt un chaque mois.

Le Zodiaque et l'Eclyptique, à raison de leur obliquité, servent à faire connaître la cause de l'inégalité des jours et des nuits, hors les équinoxes : et celle de la vicissitude des saisons, comme nous le dirons dans la suite.

### *De l'Horison et de ses usages.*

L'Horison est un grand cercle qui divise la Sphère ou les mondes en deux parties égales, dont l'une se nomme l'*hémisphère supérieur*, l'autre l'*hémisphère inférieur.* L'hémisphère supérieur est cette partie du Ciel que nous voyons; l'hémisphère inférieur est l'autre partie du Ciel que nous ne pouvons pas appercevoir à cause de la Terre qui la dérobe à nos yeux.

On distingue deux sortes d'Horison : le *rationel* et le *sensible*. Le premier qu'on nomme encore *astronomique* ou *mathématique*, et que l'on appelle aussi l'Horison *vrai*, est celui qui partage la Sphère en deux parties exactement égales parce qu'il a le même centre. L'Horison sensible, qu'on appelle encore *apparent* est un plan que l'on suppose toucher la surface de la Terre, et que l'on conçoit parallèle à l'Horison vrai; il partage la Sphère en deux parties inégales, n'ayant pas le même centre que la Terre) il faut ici la supposer au milieu du monde); mais cette différence est à peine sensible, parce que la Terre, comparée au reste de l'univers, ne peut être regardée que comme un point.

Il y a encore un autre sorte d'Horison qu'on peut appeler *visible*. Ce n'est autre chose que l'étendue de la Mer ou de la Terre que l'on peut appercevoir en regardant autour de soi. L'étendue de l'Horison visible n'est pas toujours la même. Cet horison est plus grand pour une personne placée sur le haut d'une montagne, que pour celle qui se trouve au pied, parce que la première découvre une plus grande étendue de pays que la dernière.

Dans la Sphère armillaire, l'Horison est le cercle posé sur quatre soutiens qui sont attachés au pied de la Sphère ; il a la même position dans la Sphère solide; on lui donne dans l'une et dans l'autre une certaine largeur, et on le partage en plusieurs circonférences, dans lesquels on renferme plusieurs signes et plusieurs noms, dont nous parlerons en traitant du globe terrestre.

Tous les peuples de la Terre n'ont pas le même Horison; mais chacun a son horison différent de celui qu'a un autre, de sorte qu'un homme en change toutes les fois qu'il passe d'un lieu dans un autre, l'Equateur est l'horison vrai des peuples qui habitent sous les pôles, supposé qu'il y en ait. Si tous les peuples de la Terre avaient le même Méridien, il pourrait devenir l'horison de quelques-uns d'entr'eux; mais de ceux seulement qui, ayant 180 dégrés de longitude orientale, ou autant de longitude occidentale, n'ont point de latitude, ce qui ne convient qu'à ceux qui habitent précisément sous l'Equateur.

L'axe de l'Horison est une ligne droite que l'on conçoît passer par le centre de la Sphère et par le point du ciel qui est directement au-dessus de nous, et qu'on appelle le *Zénith*, et par celui qui est directement sous nous, qui répond conséquemment à nos pieds, et qu'on nomme le *Nadir*. (Ces deux termes nous viennent des Arabes)

L'Horison marque le lever et le coucher apparent des astres. On dit qu'ils se lèvent quand ils paraissent au-dessus; qu'ils se couchent quand ils s'abaissent au-dessous. Il distinguent le jour artificiel de la nuitt, puisque le premier n'est autre chose que le tems pendant lequel le Soleil paraît sur l'Horison, la seconde que celui où il est au-dessous. Il marque les quatre points cardinaux du monde : savoir, le *Nord* ou *Septentrion*, le *Sud* ou le *Midi*, l'*Est* ou l'*Orient*, l'*Ouest* ou l'*Occident*. Les deux premiers sont les points où l'Horison et le Méridien se coupent ; les deux derniers l'endroit où l'Equateur coupe le premier de ces cercles.

L'Horison détermine encore la durée des *Crépuscules*. On appelle Crépuscules le tems pendant lequel on apperçoit le jour avant le lever du Soleil ou après son coucher. Le premier prend le nom d'*Aurore*; le dernier garde celui de *crépuscule*. L'Aurore est le tems qui s'écoule depuis le moment où l'on commence à appercevoir le jour jusqu'à l'instant où le Soleil paraît à l'Horison. Le Crépuscule est le tems qui s'écoule depuis que le Soleil est couché, jusqu'au moment où l'on cesse d'appercevoir le jour. Le Crépuscule commence aussitôt que le Soleil a disparu, et il ne cesse que quand il est abaissé de 18 dégrés au-dessous de l'Horison. L'Aurore, au contraire, commence quand le Soleil n'en est plus éloigné que d'un pareil nombre de dégrés, et elle finit aussitôt qu'il y est parvenu.

Pour déterminer d'une manière plus particulière la durée du Crépuscule et de l'Aurore, on imagine un plan parallèle à l'Horison, et qui en est éloigné de 18 dégrés. L'Aurore commence aussitôt que le Soleil est parvenu à ce plan, et elle finit aussitôt qu'il est parvenu à l'Horison. Le Crépuscule, au contraire, commence aussitôt que le Soleil quitte l'Horison, et dure jusqu'à ce qu'il ait atteint ce plan.

Les cercles parallèles à l'Equateur que le Soleil semble décrire chaque jour, sont coupés par l'Horison et par ce plan, d'une manière inégale, suivant les différentes positions de la Sphère, en sorte que les arcs de ces parallèles compris entre ce plan et l'Horison n'ayant pas la même étendue, la durée de l'Aurore et celle du Crépuscule n'est pas toujours la même. Nous en expliquerons la cause en parlant de la vicissitude des saisons et de l'inégalité des jours et des nuits.

### *Du Méridien et de ses usages.*

Le Méridien est un grand cercle qui passe par les pôles du monde et par le Zénith et le Nadir. Il est perpendiculaire à l'Horison, et coupe par conséquent ce cercle à angles droits; et celui-ci à son tour, le coupe en deux parties égales qu'on appelle *demi-Méridien*.

On a inventé le Méridien pour déterminer le milieu de la course des astres sur l'Horison. Ce cercle est nommé Méridien, parce que quand le Soleil y est parvenu, (selon le système de Ptolémée), il est midi pour tous ceux qui ont le même Méridien, ou plutôt le même demi-Méridien, car il est alors minuit pour ceux qui sont sous le demi-Méridien opposé.

Puisque le Méridien passe par les pôles du monde, une personne qui irait droit d'un pôle de la terre à l'autre, répondrait toujours au même Méridien; mais si elle avançait vers l'Orient ou l'Occident, elle en changerait à chaque pas.

Il peut donc y avoir des Méridiens sans nombre; mais quoiqu'il y en ait une infinité dans la Sphère naturelle, cependant il n'y en a qu'un pour chaque lieu; c'est celui qui passe par le Zenith et le Nadir, et que l'on appelle pour cela le Méridien du lieu, ou simplement le Méridien.

Les pôles du Méridien se trouvent dans le plan de l'Horison, et marquent l'Orient et l'Occident vrais, c'est-à-dire, les points ou le Soleil se lève et se couche au tems des équinoxes; par conséquent l'un répond au premier dégré de la Balance, l'autre au premier dégré du Bélier, puisque quand le Soleil semble commencer à parcourir ces deux signes, les jours sont égaux aux nuits pour toute la terre, excepté aux pôles.

Le Méridien partage le monde en deux parties égales, dont l'une se nomme l'*Hémisphère oriental*, l'autre l'*Hémisphère occidental*. Le premier du du côté ou les astres se lèvent, le dernier du côté où ils se couchent.

Il marque le commencement du jour naturel. Le *jour naturel*, suivant le systême de Ptolémée, est la durée d'une révolution entière du Soleil autour de la Terre d'Orient en Occident, ou ce qui revient au même, le tems qui s'écoule depuis qu'il quitte un Méridien jusqu'au moment ou il revient à la même partie de ce Méridien. Le jour naturel, au contraire, n'est selon le sentiment de Copernic, que le tems que la terre employe à faire une révolution entière sur son axe. Le jour pris en ce sens, embrasse le jour artificiel et la nuit. Le *jour artificiel* est le tems pendant lequel le Soleil demeure sur l'Horison. Le jour pris en ce sens est opposé à la nuit.

La plupart des astronomes font commencer le jour naturel à midi. Cependant on le fait ordinairement commencer à minuit. Les Babyloniens le faisaient commencer au lever du soleil; les Athéniens au coucher.

### *Des Colures et de leurs usages.*

Les deux Colures sont de grands cercles qui se coupent à angles droits aux pôles du monde. L'un se nomme le *Colure des équinoxes*, l'autre le *Colures des sosltices*; le premier parce qu'il passe par les points équinoxiaux; le second parce qu'il passe par les points solsticiaux. L'un répond conséquemment au premier dégré du Bélier et au premier dégré de la Balance; l'autre au premier dégré de l'Ecrevisse et au premier dégré du Capricorne.

Les deux Colures partagent le *Zodiaque* et l'Eclyptique en quatre parties égales, dont la première renferme le Bélier, le Taureau et les Gemeaux; la seconde l'Ecrevisse, le Lion et la Vierge; la troisième la Balance, le Scorpion et le Sagittaire; la quatrième le Capricorne, le Verseau et les Poissons.

On peut regarder ces deux cercles comme des Méridiens, puisqu'ils passent par les pôles,

*Des Tropiques et de leurs usages.*

Les Tropiques sont deux petits cercles parallèles l'un à l'autre et à l'Equateur, dont ils sont éloignés de vingt-trois dégrés, trente minutes chacun. On les appelle Tropiques d'un mot grec qui signifie tourner, parce que quand le Soleil semble décrire ces cercles et y être arrivé, il n'avance pas plus loin vers les pôles du monde, et qu'il retourne sur ses pas pour se rapprocher de l'Equateur. L'un s'appelle le *Tropique du Cancer*, parce qu'il touche le Zodiaque au premier dégré de ce signe; l'autre se nomme le *Tropique du Capricorne*, parce qu'il touche le Zodiaque au premier dégré du capricorne. Le premier est vers le Septentrion, le second vers le midi.

Les Tropiques marquent les points de l'Eclyptique où se font les *Solstices*, qui donnent le plus long jour ou le plus court de l'année. Quand le Soleil semble décrire le Tropique du Cancer, les peuples qui habitent la partie septentrionale du Globe, ont leur plus longs jours; ceux qui habitent la partie méridionale, ont leur plus court: c'est le contraire quand il semble décrire le Tropique du Capricorne.

Le Soleil semble décrire le Tropique du Cancer vers le premier de Messidor (vers le 21 de Juin); celui du Capricorne vers le premier de Nivôse (le 21 décembre) etc.

Les points où le Soleil se lève et se couche, quand il semble décrire le Tropique le plus voisin du pôle élevé, s'appellent l'*Orient* ou l'*Occident* d'*Eté*. Ceux auxquels il se lève et se couche quand il semble décrire le Tropique opposé, s'appellent l'*Orient* et l'*Occident* d'*Hiver*.

Pour s'appercevoir du mouvement (apparent) du Soleil d'un Tropique à l'autre, il n'y a qu'à remarquer l'endroit où il se lève et se couche chaque jour en le comparant à un arbre, à une montagne, ou à tout autre objet sensible, et l'on verra que depuis le premier de Nivôse jusqu'au premier de Messidor, il semble s'approcher tous les jours du

Septentrion, et qu'après s'être levé et couché pendant sept ou huit jours aux mêmes points, il paraît retourner vers le midi.

*Des Cercles Polaires et de leurs usages.*

Les Polaires sont deux petits cercles parallèles aux Tropiques. Ils sont distants des pôles du monde de vingt-trois dégrés, trente minutes, de quarante-trois dégrés des Tropiques, de soixante-six dégrés, trente minutes de l'Equateur. Celui qui est vers le pôle arctique, se nomme *Cercle polaire arctique*; celui qui est vers le pôle antarctique, se nomme *Cercles polaires antarctique*. On conçoit qu'ils sont décrits par les pôles du Zodiaque, tandis que la Sphère fait (suivant Ptolémée) une révolution journalière; car l'Eclyptique faisant, comme nous l'avons dit, avec l'Equateur un angle de vingt-trois dégrés, trente minutes, il faut que les pôles de ce premier cercle soient distants des pôles du second de la même quantité de dégrés, et par conséquent les cercles polaires étant décrits par les pôles de l'Eclyptique, sont aussi distants des pôles de l'Equateur de vingt-trois dégrés trente minutes.

Les petits Cercles de la Sphère partagent le Ciel en cinq parties inégales qu'on appelle *Zones*. Nous en parlerons à l'article du Globe terrestre.

*De l'Axe, des Pôles et des Points de la Sphère armillaire.*

L'axe de la Sphère est une ligne imaginaire qu'on

suppose la traverser d'une extrémité à l'autre, et sur laquelle on suppose qu'elle tourne comme une roue sur son essieu.

Les pôles de la Sphère sont les deux extrémités de cette ligne. Celui qui est dans la partie septentrionale du monde, se nomme le *Pôle arctique*, *septentrional* ou *boréal*; celui qui est dans la partie méridionale, s'appelle le *Pôle antarctique*, *méridional* ou *austral*, Le nom du premier est tiré du mot grec *arctos*, qui signifie *ourse* : celui du second vient du mot *antarctos*, qui signifie *opposé à l'ourse.* La petite ourse est la constellation la plus septentrionale que l'on connaisse. Elle est formée de sept étoiles, parmi lesquelles on en remarque une où l'on fait aboutir une des extrémités de l'axe de la Sphère, et qu'on appelle pour cette raison l'*étoile polaire.* L'autre extrémité de cet axe aboutit au point du Ciel, diamétralement opposé à cette étoile.

Outre les deux pôles du monde et ceux du Zodiaque, dont nous venons de parler, il y a dix points dans la Sphère armillaire, qu'il est extrêmement intéressant de bien remarquer, Ce sont, les deux pôles de l'Horison ;, les deux points des Solstices, et les quatre points Cardinaux:

Les pôles de l'Horison sont les deux points verticaux, dont l'un est perpendiculaire à notre tête, l'autre à celui de nos antipodes. Le premier se nomme *Zénith*, le second *Nadir*, comme nous avons dit en parlant de l'Horison : mais il faut remarquer que le point que nous nommons Zénith, nos antipodes doivent l'appeller Nadir, et ils doivent nommer Nadir le point que nous appelons Zenith.

Les deux points des Solstice sont les deux points de l'Eclyptique les plus éloignés de l'Equateur, et qui touchent aux Tropiques. Les deux points des équinoxes sont ceux ou l'Equateur et l'Eclyptique se coupent réciproquement. Les quatre points cardinaux sont ceux où le Méridien et l'Equateur coupent l'Horison: ce sont le Nord ou le Septentrion; le Midi ou le Sud; l'Est ou l'Orient; l'Ouest ou l'Occident.

Ces différens points, si l'on en excepte les pôles du Zodiaque, peuvent se compter deux à deux : savoir, les deux pôles du monde; le *Zénith* et le Nadir: ces quatre points se trouvent sur le Méridien; les deux points équinoxiaux, et les deux points solsticiaux: ils sont sur l'Eclyptique; les quatre points cardinaux sont sur l'Horison. On peut de même les compter deux à deux ; le Nord et le Midi, l'Orient l'Occident,

### *Des Astres et de leur mouvement.*

On distingue deux sortes d'astres : les *étoiles fixes* et les *planètes.*

On nomme les premiers étoiles fixes, parce qu'elles paraissent garder toujours la même position entr'elles, sans jamais s'écarter les unes des autres dans leur mouvement.

Les étoiles fixes ont une lumière qui leur est propre. Elles sont en très-grand nombre; mais les astronomes ne s'accordent point sur leur quantité, étant à des distances immenses de la Terre, il faut qu'elles soient d'une grosseur prodigieuse, pour que la lumière quelles réfléchissent puisse parvenir jusqu'à nous.

On a fait plusieurs assemblages d'étoiles fixes qu'on nomme *constellations*, On en compte soixante-deux: vingt-trois dans la partie septentrionale du Ciel, vingt-sept dans la partie méridionale, et les douze signes du Zodiaque. Chaque constellation comprend un certain nombre d'étoiles qui paraissent plus grosses les unes que les autres.

Afin de pouvoir distinguer plus facilement les constellations les unes des autres, on leur a donné des noms de différens animaux, et de plusieurs autres choses. Ce n'est pas que les constellations aient la moindre ressemblance aux choses dont elles portent le nom, mais il fallait leur en donner un pour s'entendre quand on parlerait du Ciel.

Les planètes n'ont pas un mouvement régulier comme les étoiles fixes: elles changent au contraire de situation tant à l'égard les unes des autres, que par rapport aux étoiles fixes ; ce qui fait qu'on les nomme *Astres errans.* On en compte sept : voici leurs noms avec les caractères dont on se sert pour les distinguer ; et l'ordre dans lesquels Ptolémée les place :

| | |
|---|---|
| Saturne . . ♄ | Vénus. . . ♀ |
| Jupiter. . ♃ | Mercure. . ☿ |
| Mars . . ♂ | la Lune . . ☾ |
| Le Soleil. . ☉ | |

Il faut en ajouter une huitième nouvellement d'écouverte par un célèbre astronome Espagnol. Elle se nomme *Uranus* ou *Herschel* Ce dernier nom est celui de cet astronome. Enfin en adoptant le systéme de Copernic, on doit regarder la terre comme une véritable planète.

Le Soleil est la seule de toute sles planètes ; qui ait une lumière qui lui soit propre : les autres sont des corps opaques, qui sont éclairés par le Soleil, et qui réfléchissent la lumière qu'ils en reçoivent, ce qui fait croire que ce sont des corps asséz semblables à la terre.

On pourrait ajouter une troisième espèce d'astres ; savoir, les *Comètes*, qui changent aussi de situation par rapport aux étoiles fixes ; mais elles ne paraissent

que

que pendant un certain tems, après lequel elles disparaissent.

On remarque, suivant Ptolémée, deux sortes de mouvemens dans tous les astres, l'un qui se fait d'Orient en Occident, l'autre d'Occident en Orient. On appelle le premier *diurne* ou *journalier*, à cause qu'il s'achève en 24 heures; on le nomme aussi le *mouvement commun*, parce qu'il est le même pour tous les astres. On appelle le second *périodique* ou *propre*. Quand il s'agit du mouvement apparent du Soleil on le nomme encore *annuel*, parce qu'on suppose qu'il se fait dans l'espace d'une année. Ce second mouvement n'est sensible dans les étoiles fixes, qu'après plusieurs années; car elles sont à-peu-près 70 ans à faire un dégré; il leur faut par conséquent environ 25,000 ans pour achever leur révolution périodique.

Les étoiles fixes et les planètes par leur mouvement commun (tout ceci doit s'entendre du système de Ptolémée), décrivent des cercles parallèles à l'Equateur : elles décrivent par leur mouvement périodique des cercles parallèles à l'Eclyptique.

Les planètes ne sortent jamais du *Zodiaque*. Les cercles dont elles parcourent la circonférence par leur mouvement propre, n'ont pas le même centre que le Soleil; par conséquent l'Horison ne coupe pas ces cercles en deux parties égales; tous les points de la circonférence décrite par chaque planète ne

C

sont donc pas également distant du Soleil ; de-là le *Périgée* et *l'Apogée* des planètes. Une planète est dans son Périgée quand elle est dans la partie de la circonférence du cercle qu'elle décrit, la plus proche du Soleil, elle est dans son Apogée quand elle est dans la partie de cette circonférence qui en est la plus éloignée.

Toutes les planètes n'ont pas le même Périgée, ni le même Apogée, c'est-à-dire, qu'ils ne sont pas fixes dans les mêmes points : ces points changent différemment selon les différentes planètes.

Les planètes sont tantôt en *conjonction*, tantôt en *opposition*. Elles sont en conjonction, quand elles se trouvent en un même point du Zodiaque ; en opposition, quand elles se trouvent dans des points de ce cercle diamétralement opposés : elles sont alors éloignées les unes des autres de 180 dégrés.

Pour concevoir comment ces deux mouvemens, que Ptolémée suppose dans les astres, peuvent convenir aux mêmes corps, il faut supposer une personne qui étant dans un bateau, est emportée avec le bateau d'Orient en Occident, tandisqu'elle marche sur le bateau par un mouvement particulier d'Occident en Orient : le premier de ces mouvemens représente le mouvement commun des astres ; le second leur mouvement propre : ou, si l'on veut se servir d'une autre comparaison, il faut supposer une mouche placée sur une roue, qui, tandis qu'elle marche vers l'Orient, est emportée par le mouvement de cette roue vers l'Occident; en ce cas le mouvement communiqué à la mouche par la roue peut représenter le mouvement commun des astres, et le mouvement propre de la mouche peut représenter leur mouvement périodique. Ces comparaisons sont assez ingénieuses; mais les enfans qui commencent à étudier la Sphère, ne les saisissent pas tout-à-coup. Elles deviennent inutiles en admettant le mouvement de rotation de la Terre: nouvelle raison pour préférer le systême de Copernic à celui de Ptolémée.

*Du Soleil.*

Le Soleil est au moins un million de fois plus gros que la Terre, dont il est éloigné de quinze millions de myriamètres (nous prenons ici sa distance moyenne). Quand il est dans son Apogée, ce qui arrive vers le 13 messidor, il est plus éloigné de la Terre de cinq cent mille myriamètres que quand il est dans son Périgée, et c'est cependant le tems où nous éprouvons les plus grandes chaleurs. Cela vient de ce que ses rayons tombent alors plus perpendiculairement sur la partie du Globe que nous habitons.

La plupart des anciens peuples régiaient l'année civile sur le mouvement du Soleil; quelques-uns sur celui de la Lune; mais n'ayant ni les uns ni les autres supputé exactement le tems qu'ils supposaient que le Soleil mettait à parcourir l'Eclyptique, ni celui que la Lune emploie à faire sa révolution périodique autour de la Terre, ce défaut d'exactitude dans leur calcul, occasionna toujours dans leurs calendrier, du désordre et de l'embarras.

Les Egyptiens et les Babyloniens s'approchèrent le plus de la vérité. Ils comptèrent dans l'année 365 jours, les distribuèrent en douze mois égaux, à la fin desquels ils ajoutèrent les cinq jours complémentaires; mais n'ayant pas supputé exactement la durée du tems qu'ils croyaient que le Soleil mettait à achever sa révolution périodique, ils tombèrent dans des erreurs qui devinrent communes à tous les peuples qui leur succédèrent.

Les Romains ne composèrent d'abord leur année que de dix mois. Numa, leur second Roi dérangea ce calcul et la composa de douze mois. Il ne suivit dans cette réforme que les mois lunaires : c'est-à-dire qu'il se régla sur le tems que la Lune met à faire le tour de la Terre, au lieu de prendre le mouvement du Soleil autour de celle-ci.

Les mois lunaires, ou le retour des phases de la Lune n'étant que de vingt-neuf jours, une heure et quarante-quatre minutes, cela produisit avec le tems un tel désordre, un tel dérangement dans les mois, qu'au bout de quelques siécles on ne s'y reconnaissait plus.

Quand Jules-César se fut rendu maître de la République, il fit venir d'Egypte à Rome les plus célèbres Astronomes, et entreprit avec eux la reforme du Calendrier. Il poursuivit l'année lunaire, et supputant les jours d'erreur qui avaient eu lieu depuis Numa, il en trouva quatre-vingt-dix. Il les intercala en une seule fois entre les mois de novembre et de décembre. Cette année fut composée de quatre cents quarante-cinq jours, et très-justement nommée l'*année de la confusion*.

En suivant le sentiment de ses Astronomes, il fixa l'année à trois cents soixante-cinq jours, six heures.

Or comme il aurait été très-incommode de faire commencer une année six heures après la fin du dernier jour de l'année précédente, on laissa les six heures chaque année. Ces six heures faisant au bout de quatre ans un jour entier, on convint que la quatrième année aurait un jour de plus que les trois précédentes, et qu'elle serait par conséquent de trois cents soixante-six jours au lieu de trois cents soixante-cinq.

Jules-César n'avait donné que vingt-neuf jours au mois de février; il régla que le jour formé des six heures qui restaient chaque année, serait placé dans ce mois après le six qui précédait les *Calendes* de mars et pour ne rien déranger dans la manière de compter les autres jours, on répétait deux fois le sixième, et on disait *bis sex* qui signifie *deux fois six*. de-là le nom d'*année bissextile* que l'on a toujours gardé dans la suite.

Il faut remarquer pour entendre tout ceci que les Romains ne comptaient pas les mois comme nous les comptons. Ils avaient trois points fixes dans chaque mois, dont ils se servaient pour compter les autres jours. Ces trois point étaient les *Calendes* qui étaient toujours le premier du mois ; les *Nones* qui étaient tantôt le sept et tantôt le cinq (1), et les *Ides* qui dans quelques mois tombaient toujours au quinze, et dans les autres au treize. On comptait les jours en remontant de ces trois points vers le point placé au-dessous. En janvier, par exemple, les Ides étaient le treize. Ce jour se nommait les *Ides de janvier* ; le jour précédent s'appellait la *veille des Ides*, *Pridié Idus*, et remontant ensuite par ordre, on disait: le trois, le quatre, le cinq, le six, le sept et le huit des Ides. On arrivait ainsi jusqu'au jour des Nones; qui étaient le cinq du mois ; et l'on recommençait à compter, en montant, les *Nones de janvier*, la veille, le trois et le quatre des Nones au-dessus duquel étaient les Calendes.

(1) Les Nones arrivaient le 7 dans les mois de mars, de mai, de juillet et d'octobre ; mais elles étaient le 5 des autres mois. Les Ides tombaient au 15 dans les mois de mars, de mai, de juillet et d'octobre, elles arrivaient le 13 dans les autres mois.

Ces Calendes, ou premier jours du mois, servaient de point fixe pour compter les jours des mois précédents, en remontant jusqu'au jour des Ides.

Ainsi pour compter la fin de janvier on partait des Calendes de février, c'est-à-dire, du premier jour de ce mois. On appellait le dernier jour de janvier la *veille des Calendes de février*, et l'on remontait jusqu'au 13 où étaient placées les Ides, en comptant le trois, le quatre, le cinq, le six, etc. jusqu'au dix-neuf des Calendes de février.

Il est facile maintenant de voir que le nom des *Calendes* donné au premier jour de chaque mois, est ce qui a fait donner le nom de *Calendrier* à toute cette distribution de l'année, des mois et des jours, puisque le calendrier n'est autre chose qu'une distribution des tems, que les hommes ont accommodée à leur usage.

La durée de l'année, soit qu'on la régle sur le mouvement du Soleil, ou sur celui de la Terre, n'étant que de trois cents soixante-cinq jours, cinq heures, quarante-huit minutes, quarante-neuf secondes, (cette supputation est strictement exacte), Jules-César et ses astronomes s'étaient trompés en lui donnant trois cents soixante-cinq jours et six heures entières. Il y eut donc plus de onze minutes de trop dans l'année de César. Ces onze minutes font environ un jour en cent trente-quatre ans; en sorte qu'après ces cent trente-quatre ans, en laissant toujours l'année de trois cents soixante-cinq jours, six heures, l'équinoxe arrive un jour plutôt qu'avant ce tems.

Ce défaut d'exactitude dans le calcul de César et de ses astronomes, jeta une nouvelle confusion dans le calendrier.

A Rome vers l'an 1580 de l'Ere vulgaire, sous le pontificat de Grégoire XIII, on s'apperçut que l'équinoxe du printems, qui trois cents vingt-cinq ans auparavant tombait au 21 de mars, arrivait pour lors le onze. Ainsi les onze minutes de différence avaient au bout de ce tems produit une erreur de dix jours.

Le pape consulta des astronomes, et voici le remède fort simple qu'ils trouvèrent à ce dérangement. On était alors au mois d'Octobre 1582. On supprima dix jours de ce mois, et par conséquent de l'année. Le cinq octobre fut compté pour le quinze, et l'équinoxe du printems, qui serait arrivé le onze mars, tomba juste au vingt-un, d'après cette suppression de dix jours.

Tels sont les moyens dont on a fait usage en différens tems pour faire disparaître les erreurs que le défaut d'exactitude dans le calcul de la durée du mouvement annuel du Soleil, a introduit dans l'année. Sa durée est la même pour tous les peuples, de quelque manière qu'ils en divisent la mesure; mais son commencement ou son premier jour, n'a pas été placé chez tous à la même époque

Les uns ont choisi pour commencer leur année, l'un des Solstices, les autres l'un des deux équinoxes. Plusieurs au lieu de se fixer à une époque de saison ont préféré de prendre dans leurs fastes une époque historique.

Il a été un tems où l'année commençait en France au jour de noël; un autre où le commencement en était fixé au premier de mars; elle commençait naguères au mois de janvier.

La Convention nationale par son décret du 5 octobre 1793, en a fixé le commencement à l'équinoxe d'automne; et la première année de l'Ere Républicaine, à commencé à minuit le 22 de septembre 1792, et a fini à minuit séparant le 21 du 22 septembre 1793. On a divisé l'année en 12 mois égaux de 30 jours chacun, aprés lesquels suivent cinq jours pour completter l'année entière, qui n'appartiennent à aucun mois, et qu'on appelle *les jours complémentaires*. Le jour intercalaire qui se trouve entier tous les quatre ans, et que l'on ajoutait au mois de février, sera placé dans l'année républicaine après les cinq jours complémentaires.

Ainsi tous les quatre ans, le complément de la fin de l'année, au lieu de cinq jours en aura six, On pourrait donc appeller cette quatrième année non pas *bissextile*, puisque le nombre de *six* ne s'y répète pas deux fois; mais simplement *sextile*, pour indiquer que cette année-là le complément est de six jours.

### *De la Terre considérée comme Planète.*

Ptolémée ayant placé la Terre au milieu du monde, et ne lui attribuant aucun mouvement, il n'a pas dû la regarder comme une planète. Copernic au contraire, la faisant circuler autour du Soleil comme les autres planètes, il a dû nécessairement la ranger dans la classe de celles-ci.

Mais deux grandes difficultés embarrassent ceux qui ne font que de commencer à étudier le systême de Copernic. La première : comment se peut-il faire que la Terre tourne aussi vîte sur elle-même, qu'on le prétend, sans qu'on s'apperçoive de ce mouvement qui est considérable ? (voyez ce que nous en avons dit en parlant du systême de Copernic). La seconde : comment se fait-il que nous soyons successivement en haut et en bas du Globe terrestre, sans que nous nous en appercevions,

Quant à la première difficulté, elle cessera d'embarrasser si l'on fait attention que le Globe terrestre est enveloppé d'une masse d'air appelée *atmosphère* qui a neuf myriamètres de haut : que cette masse d'air est entraînée dans le mouvement de rotation de la Terre avec une vîtesse à-peu-près égale à celle du Globe, qu'en conséquence puisque l'air se meut avec la Terre, et qu'il a la même vîtesse (1), il est impossible de s'appercevoir de ce mouvement par la résistance de l'air, qui serait cependant le seul moyen qui pût l'indiquer.

La seconde difficulté n'embarrassera pas davantage, si l'on fait attention qu'il n'y a ni haut ni bas sur le globe terrestre; que dans quelque position du Globe que soit une personne, elle est toujours dans la position qui lui est naturelle; que les hommes qui sont à l'extrémité du Globe sont aussi bien dans leur position naturelle que nous, et que cette position naturelle dépend de l'attraction que tous les corps ont vers le centre de la Terre. Cette attraction est cause que tous les corps de la nature qui touchent la Terre, y sont comme attachés, et ne peuvent en être séparés quelques efforts qu'ils fassent. S'ils sortent pour un instant de la Terre, ils y retombent aussitôt, et cela, dans quelque position que soit la surface du Globe sur lequel ils sont; d'où il suit qu'il est impossible, quelque soit la vîtesse du mouvement de rotation de la Terre, de s'appercevoir des hauts et des bas.

Ces deux difficultés levées, il semble que rien ne devrait empêcher d'adopter le système de Copernic

---

(1) Quelqes-uns prétendent qu'il y a quelque différence entre le mouvement de l'atmosphère et celui du globe, et que les vents ne sont occasionnés que par la différence qui se trouve entre la vîtesse avec laquelle l'une et l'autre se meuvent; mais cela n'est pas démontré.

préférablement à tout autre. Car quand au mouvement annuel de la Terre dans l'Eclyptique, il est aussi facile de concevoir qu'elle peut aussi bien circuler autour du Soleil que les autres corps célestes.

La Terre est de toutes les planètes, celle dont le mouvement est le moins irrégulier. Elle ne s'écarte jamais de l'Eclyptique qu'elle parcourt en 365 jours, 5 heures, 48 minutes, 49 secondes, ce qui forme l'année civile pour les peuples qui la réglent sur son mouvement.

A mesure que la Terre avance dans l'Eclyptique, elle présente chaque jour au Soleil ( en tournant sur elle-même ) les différentes parties de sa surface ; et comme elle suit une route oblique, et que par son mouvement annuel elle s'approche ou s'éloigne chaque jour du Soleil, tantôt en parcourant les signes septentrionaux, tantôt en parcourant les signes méridionaux, il faut que les rayons solaires frappent différemment sur les diverses parties de sa surface : ce qui fait qu'ils tombent perpendiculairement tantôt sur son Équateur, tantôt sur l'un ou l'autre tropique. Quand ils tombent perpendiculairement sur l'Equateur, ce qui arrive deux fois par an, l'une quand elle entre au premier dégré du Bélier, l'autre quand elle entre dans celui de la Balance, c'est alors qu'arrive l'équinoxe, parce que la moitié de la surface se trouve éclaireé en entier. Quand la Terre, à raison de sa progression dans l'Ecliptique, se trouve disposée à l'égard du Soleil de manière que les rayons solaires tombent perpendiculairement sur le Tropique du Cancer ( de la Terre ) les peuples qui habitent la partie septentrionale du Globe ont l'été ; ceux qui sont placés dans la partie méridionale ont l'hiver; et c'est le contraire quand les rayons Solaires tombent perpendiculairement sur le Tropique du Capricorne.

Afin de mieux entendre ceci, et pour se former une idée exacte de la progression réelle de la Terre dans l'Eclyptique et de la progression apparente du Soleil dans le même, il faut observer que la Terre ne parcourt pas les signes du Zodiaque dans l'ordre où l'on suppose que le Soleil les parcourt. Car quand le Soleil semble parcourir les signes septentrionaux la Terre au contraire parcourt les signes méridionaux.

Ainsi quand le Soleil semble entrer au premier dégré du Bélier, la Terre entre dans celui de la Balance; quand il semble parcourir le signe du Taureau, elle parcourt celui du Scorpion, et ainsi des autres signes, par conséquent la Terre ne parcourt pas pendant le Printems les signes du Bélier, du Taureau et des Gémeaux ; cest le Soleil qui paraît les parcourir, mais elle parcourt effectivement les signes de la Balance, du Scorpion et du Sagittaire. Pendant l'Eté le Soleil paraît parcourir les signes de l'Ecrévisse, du Lion et de la Vierge; la Terre parcourt dans cette saison ceux du Capricorne, du Verseau et des Poissons. Pendant l'Automne le Soleil semble parcourir les signes de la Balance, du Scorpion et du Sagittaire, et alors la Terre parcourt ceux du Bélier, du Taureau et des Gémeaux. Enfin pendant l'Hiver le Soleil semble parcourir les signes du Capricorne, du Verseau, et des Poissons, et la Terre parcourt effectivement ceux de l'Ecrevisse, du Lion, et de la Vierge.

D'après ces observations, et si l'on fait attention aux différentes positions de la Sphère (nous les ferons connaître), il est presque démontré qu'il est aussi facile, en suivant le système de Copernic, d'expliquer la disposition apparente de toutes les parties de l'univers, et de donner une ideé générale de leurs différens mouvemens qu'en adoptant celui de Ptolémée.

### *De la Lune.*

La Lune est cinquante fois plus petite que la Terre, dont elle est éloignée d'environ trente-six mille myriamètres dans son Périgée, et d'environ quarante-trois mille dans son Apogée. C'est un corps opaque comme le Globe terrestre, qui n'a point d'autre lumière que celle qu'il reçoit du Soleil, et qu'il réfléchit sur la Terre.

La Lune est la plus petite de toutes les planètes. Si elle nous paraît plus grande que les autres, excepté le Soleil, c'est parce qu'elle est beaucoup plus proche de la Terre. Elle ne parcourt pas l'Éclyptique comme celle-ci ; mais elle s'en éloigne à droite et à gauche ; par conséquent elle décrit un cercle (1) qui coupe l'Éclyptique en deux points: ces deux points sont ce qu'on appelle les *Nœuds*, dont l'un se nomme *Nœud ascendant*, l'autre *Nœud descendant*. Le premier est celui par lequel elle passe du Midi au Septentrion ; le second celui par lequel elle passe du Septentrion au Midi. Afin de comprendre plus facilement ceci, il n'y a qu'à prendre deux cercles de tonneau, passer la moitié de l'un dans l'autre, et les éloigner de trois ou quatre doigts ; l'un représentera l'Eclpytique, l'autre le cercle que la Lune décrit, et les points où ces cercles se joignent, sont les nœuds dont nous parlons.

La Lune ne met que 27 jours, 7 heures 45 minutes à achever sa révolution périodique, par conséquent elle fait au moins douze fois le tour de la Terre pendant que celle-ci parcourt l'Eclyptique. Elle passe donc douze fois entre le Soleil et la Terre.

La Lune faisant sa révolution en bien moins de

---

(1) Les Orbites que la Lune et les autres planètes décrivent, ne sont point à strictement parler, des cercles, mais des Ellipses dont le centre du Soleil occupe un des foyers.

tems que la Terre, aussitôt qu'elle se trouve en conjonction entre celle-ci et le Soleil, elle devance la première, et au bout de 27 jours, 7 heures 45 minutes, elle se trouve vis-à-vis du même point du Zodiaque où s'etait faite la conjonction; mais pendant ce tems-la là Terre ayant avancé vers l'Orient d'environ 27 dégrés par son mouvement annüel, il faut encore plus de deux jours à la Lune pour se retrouver en conjonction entre la Terre et le Soleil. De-là la distinction des mois *Périodique* et *Synodique* de la Lune.

Le mois Périodique est le tems qu'elle met à faire sa révolution autour du Zodiaque; le mois Synodique celui qu'elle employe à rejoindre la Terre après l'avoir quittée. Le premier de ces mois est donc de 27 jours, 7 heures, 45 minutes; le second est de 29 jours, 12 heures 44 minutes. On compte les Lunes ou les mois Synodiques alternativement de 29 et de 30 jours; afin d'éviter l'inconvénient qu'il y aurait à finir une Lune et à commencer la suivante à la moitié d'un jour.

La Lune ne paraît pas tous les jours sur l'Horison à la même heure: cela vient de son mouvement périodique. Elle parcourt chaque jour treize dégrés, dix minutes et environ quatorze secondes de son orbite; par conséquent il est facile de voir que si elle paraît aujourdhui à l'Horison à six heures demain à la même heure elle aura avancé de treize

dégrés

dégrés dix minutes et environ quatorze secondes vers l'Orient : elle sera donc alors éloignée de l'Horison d'un pareil nombre de dégrés, et le tems qu'elle mettra à y revenir le lendemain sera à-peu-près d'une heure, voilà la cause de son retard. On ne s'en apperçoit qu'après la pleine Lune, parce que le Soleil étant sur l'Horison quand la Lune y paraît depuis la conjonction jusqu'à l'opposition, la lumière de l'un empêche de voir l'autre et de remarquer le moment de son lever ; mais après l'opposition, le Soleil étant au-dessous de l'Horison quand la Lune y arrive, rien n'empêche de la voir aussitôt qu'elle y paraît, et il est facile alors de s'appercevoir de son retard.

Le mouvement de la Lune n'est pas aussi régulier que celui de la Terre, car elle paraît se mouvoir plus vîte, quand elle est dans son périgée que quand elle est dans son apogée.

### *Des phases de la Lune, ou de ses diverses apparences.*

La Lune n'ayant point de lumière par elle-même, les différentes manières dont elle réfléchit sur la Terre, celle qu'elle reçoit du Soleil, sont la cause de ce que l'on appelle ses *phases*.

Les phases de la Lune ne sont donc autre chose que les formes diverses qu'elle prend par rapport à nous. On en compte quatre : la *nouvelle Lune*, le *premier quartier*, la *pleine Lune*, le *dernier quartier.*

Quand la Lune est en conjonction entre la Terre et le Soleil, elle se trouve exactement entre l'un et l'autre ou à-peu-près. Dans cette position, l'hémisphère éclairé étant nécessairement du côté du Soleil et n'étant conséquemment pas tourné vers nous, nous ne pouvons le voir; alors on dit que la Lune est *nouvelle*, c'est-à-dire qu'elle ne paraît pas. On l'appelle *nouvelle* parce qu'alors elle commence une nouvelle révolution.

A mesure qu'elle s'éloigne chaque jour du Soleil elle nous montre une partie de son hémisphère éclairé, qui devient d'autant plus grande que son *élongation* du Soleil augmente. Quand elle a achevé un quart de sa révolution, c'est-à-dire, quand elle s'est éloignée du Soleil de 90 dégrés, elle nous présente la moitié de sa surface éclairée, et alors arrive le premier quartier.

Plus la Lune s'éloigne du Soleil, plus la lumière qu'elle réfléchit augmente chaque jour par rapport à nous, parce que l'hémisphère éclairé se présente de plus en plus à la Terre. Quand elle a achevé la moitié de sa révolution, elle se trouve en opposition avec le Soleil, dont elle est conséquemment éloignée alors de 180 dégrés. Dans cette position, l'hémisphère éclairé est tourné tout entier vers la Terre et alors arrive la *pleine Lune*

A mesure qu'elle se rapproche du Soleil, après l'opposition, sa partie éclairée se détourne de nous; la lumière qu'elle réfléchit sur la Terre diminue chaque jour, et lorsqu'elle a achevé les trois quarts de sa révolution, c'est-à-dire, quand elle n'est plus éloignée du Soleil que de 90 dégrés elle ne nous présente plus que la moitié de son hémisphère éclairé, et alors arrive ce qu'on nomme le *dernier quartier.*

Enfin, après le dernier quartier, la lumière que la Lune nous renvoie, continue toujours à diminuer, comme elle va toujours en augmentant depuis la conjonction jusqu'à l'opposition, et quand nous ne l'appercevons plus du tout, la Lune se retrouve en conjonction entre la Terre et le Soleil, et recommence une nouvelle révolution autour de la première.

Il est facile maintenant de voir que les diférentes formes que la Lune prend par rapport à nous, n'ont d'autre cause que les manières diverses dont elle nous renvoie la lumière qu'elle reçoit du Soleil. La Lune, depuis la conjonction s'éloigne tous les jours du Soleil jusqu'à l'opposition, mais depuis l'opposition jusqu'à la conjonction elle s'en rapproche chaque jour. Elle se trouve donc dans le cours d'une révolution, tantôt à l'Orient, tantôt à l'Occident du Soleil; à l'Orient depuis la nouvelle jusqu'à la pleine Lune; à l'Occident depuis la pleine Lune jusqu'à la nouvelle Lune suivante.

Pour concevoir comment la Lune se trouve tantôt à l'Orient tantôt à l'Occident du Soleil, il faut remarquer que quand ces deux astres sont en conjonction, ils répondent au même demi-Méridien, mais tandis que la Lune parcourt d'Occident en Orient la demi-circonférence de son orbite, depuis la conjonction jusqu'à l'opposition, elle s'éloigne tous les jours du Soleil; au contraire quand elle est parvenue au demi-Méridien opposé à celui où s'est faite la conjonction, c'est-à-dire quand elle s'est éloignée du Soleil de 180 dégrés, elle tend alors à s'en rapprocher; elle est donc à l'Orient du Soleil pendant tout le tems qui s'écoule entre la conjonction et l'opposition, et elle est à l'Occident depuis l'opposition jusqu'à la conjonction.

Il est facile maintenant de concevoir pourquoi la lumière que la Lune réfléchit sur la Terre va toujours en augmentant depuis la nouvelle jusqu'à la pleine Lune, et pourquoi elle va toujours en diminuant depuis la pleine Lune jusqu'à la nouvelle Lune suivante. On peut de même entrevoir aisément pourquoi les cornes de la Lune sont tournées tantôt vers l'Orient, tantôt vers l'Occident. En général, on conçoit qu'elles sont tournées du côté opposé au Soleil. Ainsi quand la Lune est dans son croissant, c'est-à-dire depuis la conjonction jusqu'à l'opposition, ses cornes doivent être et sont effectivement tournées vers l'Orient, et par la raison contraire, elles le sont vers l'Occident quand elle est dans son déclin, parce qu'alors elle est à l'Occident du Soleil.

On peut donc, en observant de quel côté sont tournées les cornes de la Lune, connaître si elle est dans son croissant ou dans son déclin. On peut encore le connaître à un autre signe; car quand la Lune est dans son croissant elle paraît le soir; quand elle est dans son déclin elle paraît le matin.

## *Des Éclipses du Soleil et de la Lune.*

C'est la Lune qui cause les éclipses du Soleil, et la Terre qui cause celles de la Lune. Les premières ne peuvent avoir lieu que dans les conjonctions; les dernières que dans les oppositions. Quand la Lune passe précisément entre le Soleil et la Terre, elle nous cache le Soleil, et ses rayons ne pouvant parvenir jusqu'à nous, nous disons qu'il est éclipsé (On devrait plutôt dire que c'est la Terre qui l'est, puisqu'elle est alors privée de lumière).

Quand la Lune se trouve (dans les oppositions) dans la même ligne droite que le Soleil et la Terre, en sorte que celle-ci soit précisément entre le Soleil et la Lune, elle intercepte conjointement avec son atmosphère les rayons du Soleil et les empêche de parvenir jusqu'à la Lune qui se trouve par conséquent privée de lumière: de-là les éclipses de Lune

La Lune étant réellement privée de lumière dans ses éclipses, tous ceux qui voyent la Lune dans le tems des éclipses, s'apperçoivent qu'elle est éclipsée. Il n'en est pas de même du Soleil, car il est aussi lumineux qu'à l'ordinaire pendant le tems qu'il est éclipsé. C'est pourquoi les peuples qui sont tellement situés que la Lune n'est pas entr'eux et le Soleil ne s'apperçoivent pas de l'éclipse, quoique d'autres la voyent dans le même tems.

Les éclipses soit de Soleil, soit de Lune, sont *totales* ou *partielles*. Celles de Soleil sont totales pour tous les peuples auxquels la Lune cache entièrement le disque du Soleil, parce qu'alors aucuns de ses rayons ne peuvent parvenir jusqu'à l'endroit de la Terre où ils sont placés : elles sont partielles pour les mêmes peuples, quand il n'y a qu'une partie du disque du Soleil qui soit caché pour eux.

Les éclipses de Lune sont totales quand elle est entièrement absorbée dans l'ombre de la Terre; partielles quand le Soleil en éclaire une partie, et qu'il refuse sa lumière à l'autre.

Les éclipses totales de Soleil arrivent bien moins souvent que celles de Lune. Cela vient de ce que celle-ci étant beaucoup plus petite que le Soleil, elle ne peut que rarement intercepter à la fois la totalité des rayons solaires.

Les éclipses de Soleil sont encore *annulaires* ou *centrales*. Elles sont annulaires quand l'ombre de la Lune ne parvient pas jusqu'à la Terre, à cause de la trop grande distance qui se trouve entre l'une et l'autre. Ces éclipses sont appellées annulaires, parce qu'on voit les bords du Soleil qui paraissent former un anneau autour de la Lune qui cache le milieu du Soleil. Elles sont centrales quand le centre du Soleil et celui de la Lune se rencontrent dans la même ligne, auquel cas la Lune ne cache que le milieu du Soleil, ce qui fait que cette éclipse n'est comme la précédente que partielle; puisque tandis que la Lune intercepte une partie des rayons solaires, rien n'empêche que les autres ne parviennent jusqu'à nous.

Les astronomes, pour déterminer la grandeur des éclipses, divisent le diamètre du Soleil et de la Lune en douze parties égales qu'ils appellent *doigts*, chaque doigt en soixante minutes. Ainsi quand ils disent que l'éclipse a été de quatre doigts; cela veut dire que le tiers de la planète a été éclipsé, puisque 4 est le tiers de 12.

Nous avons dit en parlant des phases de la Lune qu'elle était nouvelle quand elle se trouvait entre le Soleil et la Terre, et qu'elle était pleine quand la Terre se trouvait entr'elle et le Soleil. Il s'en suivrait qu'il devrait y avoir une éclipse de Soleil à chaque nouvelle Lune et une éclipse de Lune chaque fois qu'elle est pleine. Cette difficulté n'embarrassera pas si l'on se rappelle ce que nous avons dit en parlant de l'orbite que la Lune décrit autour de la Terre. Comme le cercle qu'elle parcourt forme avec l'Éclyptique un angle d'environ cinq dégrés, elle ne répond pas toujours au plan de cercle comme la Terre et le Soleil. Il arrive de-là que si dans le tems de la nouvelle ou de la pleine Lune, elle se trouve dans un de ces nœuds, ou très-près de ces nœuds, il y aura éclipse, parce que la Lune est alors dans le plan de l'Éclyptique avec le Soleil et la Terre; mais si dans ce tems la Lune est assez éloignée de ces nœuds pour qu'elle ne réponde pas au même plan que le Soleil et la Terre, il ne peut y avoir éclipse ni de Soleil ni de Lune.

*Des autres Planètes.*

Elles décrivent chacune un cercle qui coupe l'Éclyptique en différens points. Aucune d'entr'elles ne suit le cercle d'une autre. Elles ont leurs phases comme la Lune.

Saturne est éloigné du Soleil d'environ cent soixante-cinq millions, trois cents deux mille, deux cents vingt-cinq myriamètres. Il met vingt-neuf ans, cent soixante-quatre jours, quatorze heures, trente-six minutes, quarante-deux secondes à faire sa révolution.

Jupiter est éloigné du Soleil de quatre-vingt-dix

millions, quatre cents trois mille, trois cents quatre-vingt-dix-sept myriamètres. Il fait sa révolution en onze ans, trois cents vingt-un jours, vingt-trois heures, trente minutes, quarante-trois secondes.

Mars est éloigné du Soleil de vingt-six millions, quatre cents quatre-ving-trois mille, soixante-deux myriamètres. Il achève sa révolution, en six cents quatre-vingt-six jours, vingt-deux heures, dix-huit minutes, trente-deux secondes.

Vénus est éloignée du Soleil de douze millions, six cents vingt-deux mille, cent vingt-cinq myriamètres. Sa révolution est de deux cents vingt-quatre jours, seize heures, quatre-vingt minutes, onze secondes.

Mercure est éloigné du Soleil de six millions, sept cents vingt-trois mille, cent deux myriamètres. Il emploie quatre-vingt-sept jours, trois heures, quinze minutes, trente-sept secondes à faire sa révolution.

Peut-être n'est-il pas inutile d'observer que les astronomes ne s'accordent guères sur la distance des planètes. La distance moyenne de la Terre au soleil, est peut-être la moins difficile à déterminer; cependant en examinant les différens calculs de dix ou douze astronomes, vous n'en trouverez pas deux qui se rapportent. Il ne faut pas dire la même chose de la durée de leur révolution périodique, puisqu'on est parvenu, depuis qu'on a découvert les thélescopes, à la soumettre à un calcul rigoureux et strictement exact.

### *Des différentes positions de la Sphère.*

Il y en a trois : la Sphère est *droite*, *oblique* ou *parallèle* Ces trois différentes positions dependent des diverses manières dont l'Equateur se trouve situé par rapport à l'Horison. Quand le premier de ces deux cercles coupe le second à angles droits, ou perpendiculairement, la sphère est droite : oblique, quand ces deux cercles se coupent obliquement : parallèle, quand ils sont confondus l'un avec l'autre.

### *De la Sphere droite.*

Dans la sphère droite les pôles de l'Equateur ( ce sont les mêmes que ceux du monde, comme nous l'avons dit ), se trouvent dans le plan de l'Horison, et le Zenith et le Nadir sont dans l'Equateur.

Dans cette position de la sphère, l'Équateur et tout les cercles qui lui sont parallèles, sont coupés en deux parties égales par l'Horison. Les arcs diurnes et les arcs nocturnes ( nous expliquerons ce que c'est en parlant de l'inégalité des jours et des nuits ) ; que le Soleil semble décrire chaque jour contiennent autant de dégrés les uns que les autres ; par conséquent tous les jours qui répondent à ces parallèles, doivent être, et sont effectivement égaux entre eux, et le sont de même aux nuits, parce que le Soleil est chaque jour de l'année autant de tems sur l'Horison, qu'il est au-dessous. Tous les peuples qui ont la Sphère droite ont donc un équinoxe perpétuel.

Mais il n'y a que les peuples qui habitent précisément sous l'Équateur qui aient cette position de la sphère. Ils ont le Soleil vertical deux fois l'année; savoir, le premier Germinal, et le premier Vendémiaire; il n'y a aucunne partie du Ciel qui ne leur soit visible; ils apperçoivent aussi successivement toutes les étoiles. Le Soleil est par rapport à eux du côté du Nord pendant qu'il paraît parcourir les signes septentrionaux, du côté du Sud tandis qu'il semble parcourir les signes méridionaux. Leur ombre conséquemment est tournée tantôt vers un des pôles, tantôt vers l'autre. Elle tend directement vers l'Occident depuis le matin jusqu'à midi, lorsque le Soleil semble décrire l'Equateur; à midi il n'y a point d'ombre, ou plutôt elle est au-dessous des corps; depuis midi jusqu'au soir elle est dirigée droit vers l'Orient.

Un pays étant censé avoir l'Été lorsque le Soleil est plus près de son Zenith que dans les autres tems de l'année, et l'Hiver l'orsqu'il en est plus éloigné, les peuples qui ont la sphère droite ont deux Étés et deux Hivers, mais ceux-ci se font à peine sentir.

## *De la Sphère oblique.*

Dans la sphère oblique tous les cercles ( parallèles à l'Equateur ) que le Soleil semble décrire chaque jour, sont coupés en deux parties inégales par l'Horison. Ainsi l'une des parties de ces parallèles comprend un plus grand nonbre de dégrés que l'autre ; celle qui est la plus élevée sur l'Horison renferme donc davantage d'arcs diurnes que la partie qui est au-dessous ne comprend d'arcs nocturnes ; par conséquent les jours qui répondent à ces parallèles doivent être plus longs que les nuits dont ces parallèles déterminent la durée à raison de leur plus ou moins d'élévation sur l'Horison.

Cette position de la Sphère ne convient qu'aux peuples qui habitent entre l'Equateur et les pôles; ils n'ont les jours égaux aux nuits que dans le tems des équinoxes; dans tout le reste de l'année leurs jours sont plus ou moins longs, et leurs nuits de même, et cette augmentation et diminution qu'on y apperçoit chaque jour devient d'autant plus s'ensible qu'on approche davantage des pôles : la raison en est que plus le pôle est élevé, plus les parallèles que le Soleil semble décrire chaque jour le sont aussi sur l'Horison, puisque l'axe du monde passe par le centre de tous ces cercles.

Dans la sphère oblique la projection de l'ombre

n'est pas la même pour tous les peuples qui ont cette position de la Sphère. Ceux qui ont leur Zenith hors des Tropiques n'ont jamais le Soleil vertical. Ceux qui sont dans la partie septentrionale du Globe, le voyent à midi du côté du Sud, et conséquement leur ombre tend toujours au Nord à cette heure ; ceux qui habitent l'hémisphère méridional, l'ont du côté du Nord, et leur ombre est toujuors dirigée vers le Sud,. ( à midi ).

Il n'en est pas toujours de même pour les peuples, qui, ayant la sphère oblique, habitent entre les Tropiques. Le Soleil est deux fois vertical par rapport à eux : une fois quand il semble s'approcher du Tropique dont ils sont voisins, l'autre quand il paraît s'en éloigner. Ils ont donc le Soleil à midi tantôt vers le Nord, tantôt vers le Sud, et par conséquent leur ombre meridienne tombe tantôt vers un pôle, tantôt vers l'autre. Pour ce qui est des deux jours auxquels le Soleil est vertical par rapport à eux, leur ombre diparaît dans ce moment comme elle disparaît pour ceux qui ont la sphère droite.

Tous ceux qui sont dans la même sphère hors des Tropiques, ont chacune des saisons de l'année dans le même tems, c'est-à-dire, lorsque le Soleil répond à la même partie de l'Éclyptique; ainsi les habitans de la France, de la Chine, du Canada et de la nouvelle Écosse, quelque éloignés qu'ils soient les uns des autres, ont l'Eté dans le même tems parce qu'ils habitent sur le même parallèle ( du globe terrestre ) ; il en est de même des autres saisons. Au contraire ceux qui ont différentes sphères obliques et qui habitent hors des Tropiques, ont des saisons différentes en-même tems; les uns ont l'Eté quand les autres ont l'Hiver ; ainsi nos antipodes ont l'un quand nous avons l'autre.

Ceux qui sont sur le même parallèle, ont tous non-seulement la même saison dans le même tems, mais de plus chaque jour est de la même longueur pour eux, quoiqu'ils ne l'aient pas en même-tems; car si les uns sont sur une partie de ce parallèle, et les autres sur l'autre, les premiers auront le jour, tandis que les autres auront la nuit ; et s'il diffèrent de cent quatre-vingt dégrés en longitude, les uns auront midi quand les autres auront minuit.

### *De la Sphère parallèle.*

Dans la sphère parallèle le Zenith et le Nadir sont les deux pôles du monde, par conséquent la sphère ne peut être parallèle que pour deux points de la Terre; savoir, pour les deux pôles.

L'année ne seroit composée pour les peuples qui auraient cette position de la sphère que d'un jour et d'une nuit qui seroient l'un et l'autre de six mois: la raison en est que tous les parallèles placés entre l'Equateur et le Tropique supérieur, sont tout entiers sur l'Horisòn, puisque dans cette sphère l'Horison et l'Equateur sont confondus l'un avec l'autre. Par la même raison tous les parallèles compris entre l'Equateur et le Tropique inférieur, sont cachés tout-entiers sous l'Horison de cette sphère.

Le Soleil, dans cette position de la sphère semble tourner parallèlement à l'Horison dans l'espace de vingt-quatre heures, et les ombres tournent tout-autour des objets dans le même espace de tems. Les peuples qui auraient la sphère parallèle verraient donc le Soleil tonrner au-dessous d'eux.

Des différentes projections de l'ombre dans ces trois positions de la Sphère dérivent plusieurs dénominations sous lesquelles on désigne les différens peuples de la Terre.

On les appelle *Amphisciens*, *Asciens*, *Hétérociens et Périsciens*, termes qui viennent du grec.

On appelle *Amphiscieus* ceux qui ont l'ombre tournée à midi tantôt vers un pôle, tantôt vers l'autre.

On nomme *Asciens* ceux qui n'ont point d'ombre à midi.

Ces deux dénominations ne conviennent qu'aux peuples qui habitent entre les deux tropiques et ceux qui sont sous l'Équateur. Quant à ceux qui habitent précisément sous les tropiques, on doit les ranger dans la classe des Hétérociens, parce que tandis que le Soleil paraît décrire l'un ou l'autre de ces cercles, leur ombre est tournée à midi vers le Nord ou le Sud, selon le tropique sous lequel ils sont situés.

Les *Hétérociens* sont ceux qui ont à midi l'ombre tournée du même côté; les uns vers le pôle arctique, les autres vers le pôle antarctique.

On nommerait *Périsciens* ceux qui seraient sur les pôles de la Terre, ou qui n'en seraient pas très-éloignés, parce que l'ombre tourne toujours autour d'eux. On peut les partager en trois classes : 1°. Ceux qui seraient précisément sur les pôles, qui seraient Périsciens pendant six mois : 2°. Ceux qui sont sous les cercles polaires, qui ne le sont que pendant un jour : 3°. Ceux qui sont entre ces cercles et les pôles, qui sont Périsciens pendant plusieurs jours ou plusieurs mois selon qu'ils sont plus éloignés, ou plus voisins de ceux-ci.

On désigne encore les habitans de la Terre par trois autres dénominations, en les envisageant sous le rapport des longitudes et des latitudes. Nous parlerons des premières en traitant des autres

### *De la vicissitude des Saisons et de l'inégalité des jours et des nuits.*

Afin de saisir plus facilement la cause de la vicissitude des saisons et celle de l'inégalité des jours et et des nuits, il faut rappeler ici différentes choses que nous avons déjà touchées en expliquant les différens usages des cercles de la sphère et les différentes positions de celle-ci.

1°. Le Zodiaque n'étant pas placé dans la sphère comme les autres grands cercles, et l'Équateur le coupant obliquement, les axes de ces deux cercles doivent nécessairement former et forment effectivetivement un angle entr'eux. Il est, comme on l'a vû de 23 dégrés, trente minutes.

2°. L'Éclyptique étant placé au milieu du Zodiaque, et celui-ci étant placé dans la sphère en forme de ceinture, il faut que la Terre, en parcourant le premier suive une route oblique.

3°. Puisque les points de l'Éclyptique qui touchent aux deux tropiques sont éloignés de l'Equateur de vingt-trois dégrés et demi chacun, la Terre, en parcourant les signes du Zodiaque, s'éloigne donc ou se rapproche chaque jour de l'Équateur, tantôt en parcourant les signes septentrionaux, tantôt en parcourant les signes méridionaux.

4°. La position de la sphère n'étant pas la même pour tous les peuples de la Terre, celle-ci ne se trouve pas toujours, par rapport à eux, disposée de la même manière à l'égard du Soleil.

5°. Dans la sphère droite les pôles du monde, ou de l'Équateur sont dans le plan de l'Horison; mais plus on s'éloigne de cette position de la sphère, plus leur élévation augmente.

6°. L'axe de la Terre forme avec le plan de l'Éclyptique un angle de vingt-trois dégrés et demi, et demeure toujours parallèle à lui-même, au moins sensiblement, pendant qu'elle tourne autour du Soleil.

7°. La Terre ne parcourt pas les signes du Zodiaque dans le même ordre que l'on suppose que le Soleil les parcourt. Voyez ce que nous en avons dit en parlant de la première considérée comme planète.

8°. On appelle *Arcs diurnes*, les différentes parties de la circonférence des parallèles que le Soleil semble décrire chaque jour pendant qu'il est sur l'Horison; et on nomme *Arcs nocturnes* les différentes parties de la circonférence des mêmes parallèles que l'on suppose qu'il décrit quand il est au-dessous.

Ceci posé voici comme on explique, dans le système de Copernic, la vicissitude des saisons et l'inégalité des jours et des nuits..

Puisque la Terre en parcourant l'Éclyptique, suit une route oblique qu'elle s'éloigne ou se rapproche chaque jour du Soleil en parcourant les signes du Zodiaque; son axe, qui demeure toujours parallèle à lui-même pendant qu'elle tourne autour du Soleil, étant incliné sur le plan de l'Éclyptique de vingt-trois dégrés et demi; il faut qu'elle présente au Soleil tantôt sa partie septentrionale, tantôt sa partie méridionale, tantôt celle qui tient le milieu entre l'une et l'autre; par conséquent les rayons solaires doivent tomber perpendiculairement, tantôt sur l'un ou l'autre des tropiques, tantôt sur l'Équateur même de la Terre. De-là les équinoxes et les solstices; de-là encore les quatre saisons de l'année; savoir, le Printems, l'Été, l'Automne et l'Hiver; car le Printems et l'Automne, ou les équinoxes doivent arriver lorsque les rayons solaires tombent directement sur la circonférence de l'Equateur terrestre; mais aussitôt que ces mêmes rayons tombent perpendiculairement sur le tropique dont nous sommes voisins, nous avons le solstice d'Eté ou l'Eté, enfin quand ils tombent sur le tropique le plus éloigné de nous, nous avons alors le solstice d'Hiver ou l'Hiver.

Si la Terre était toujours disposée à l'égard du Soleil de manière que les rayons de l'un tombassent toujours perpendiculairement sur l'Equateur de l'autre, la Terre présenterait toujours chaque jour au Soleil la moitié de sa surface; les arcs diurnes et les arcs nocturnes que celui-ci semble décrire seraient donc toujours égaux entr'eux; par conséquent il y aurait un équinoxe perpétuel pour tous les peuples de la Terre, et les deux pôles seraient toujours éclairés, comme il arrive aux équinoxes; mais à cause de l'obliquité de l'axe de la Terre sur le plan de l'Eclyptique, à mesure que le Soleil répond chaque jour aux différens points de sa surface, pendant qu'elle s'éloigne de l'Equateur pour gagner les tropiques, les jours deviennent plus longs pour les peuples qui sont voisins du tropique dont le Soleil semble s'approcher, et plus courts pour ceux qui le sont du tropique dont il semble s'éloigner. Quand ses rayons tombent perpendiculairement sur l'un ou l'autre, celui qu'il semble décrire a ses plus longs jours, l'autre ses plus courts. Tout cela vient de ce qu'à raison de l'obliquité de l'axe de la Terre, l'Horison coupe tous les parallèles que le Soleil semble décrire chaque jour en parties inégales, et d'autant plus grandes que les parallèles sont plus voisins des pôles, et à raison de l'inégalité qui se trouve entre les arcs diurnes, les jours sont inégaux et deviennent d'autant plus grands qu'on approche davantage des pôles, parce que l'élévation de ceux-ci sur l'Horison devient plus grande. On doit dire la même chose des nuits comparées aux jours, et des crépuscules qui doivent augmenter ou diminuer en raison de la longueur et de la briéveté des jours.

## ARTICLE II.

### *De la Sphère solide ou du Globe terrestre.*

Le mot *Globe*, comme celui de *Sphère*, veut dire *Boule*.

La sphère solide est une machine ronde qu'on a inventée pour représenter la Terre qui nous paraît ronde; cependant il résulte de plusieurs observations, faites en différens tems sur plusieurs de ses points qu'elle ne l'est pas parfaitement. Elle est un peu applatie vers les pôles, en sorte que son axe est plus court que le diamètre de son Équateur d'environ quatre myriamètres; mais cette légère différence n'empêche pas de la regarder comme un corps exactement sphérique ; à plus forte raison la plus haute montagne, ou les précipices les plus affreux sont nuls sur une telle masse. La montagne la plus élevée a tout au plus un myriamètre de hauteur perpendiculaire, ce qui équivaut, comme on le prétend, à la plus grande profondeur de la mer.

La rondeur de la Terre se prouve de différentes manières. Quand la Lune est éclipsée l'ombre que la Terre, ou plutôt son atmosphère réfléchit sur la Lune étant ronde, il faut qu'elle le soit elle-même. Les vaisseaux en pleine mer paraissent et disparaissent par dégrés : les objets sur la Terre de même, à mesure qu'on s'en approche ou qu'on s'en éloigne. Toutes ces apparences ne peuvent être que l'effet de la courbure de la Terre. D'ailleurs plusieurs navigateurs ont fait le tour de la Terre, et c'est par-là qu'on s'est convaincu de l'existence des Antipodes.

La sphère solide a, comme la sphére armillaire,

son axe, ses pôles, ses grands et ses petits cercles, excepté les deux colures que les Géographes retranchent comme inutiles.

L'axe de la sphère solide n'est autre chose que la ligne imaginaire qui passe par le centre de la Terre, sur laquelle elle tourne en vingt-quatre heures. Les deux extrémités de cette ligne sont les deux pôles, lesquelles répondent aux pôles du monde et qui portent le même nom. Chaque pôle de la sphère solide est éloigné de son Équateur de 90 dégrés.

### *Des grands Cercles de la sphère solide et de leurs usages.*

Les grands cercles de la sphère solide sont des circonférences que l'on trace sur les Globes et que l'on imagine sur la surface de la Terre ; voici leurs usages.

### *De l'Équateur et de ses usages.*

Il divise la Terre en deux hémisphères égaux, l'un septentrionale, l'autre méridionale. On l'appelle encore la *ligne équinoxiale*, ou simplement la *ligne*. Passer la ligne veut dire traverser les régions ou les mers situés sous l'Équateur. C'est sur ce cercle et ses parallèles que l'on compte et que l'on marque les dégrés de longitude.

### *Du Méridien et de ses usages.*

Le Méridien du Globe passe par les pôles de la

Terre, et par ceux de l'Horison, il coupe conséquemment l'Équateur, les tropiques et les cercles polaires à angles droits. Il partage la Terre en deux parties égales, l'une orientale, l'autre occidentale. C'est sur ce cercle et ses parallèles qu'on marque les dégrés de latitude.

On donne une certaine largeur au premier Méridien du Globe afin de pouvoir y marquer différentes choses qu'il est intéressant de connaître On le partage en trois parties qui sont distinguées les unes des autres par des circonférences de cercles. On marque dans la première les dégrés de latitude de dix en dix; dans la seconde les différentes Zones et la longueur des jours sous chaque climat de demi-heures et de mois; le nombre des climats dans la troisième.

On ne peut pas faire un pas d'Occident en Orient sans changer de Méridien; par conséquent aucun ne peut être de sa nature regardé comme le premier Méridien. Il a donc fallu convenir d'un point fixe par où on le ferait passer, ce qui donnerait la suite de tous les autres Méridiens. Le nôtre passe par l'île de Fer la plus occidentale des Canaries.

## *Des longitudes et des latitudes.*

Les distances entre les différens lieux de la Terre, en allant d'Occident en Orient, sont ce qu'on appelle *longitude.* La distance d'un lieu a l'Équateur, en allant vers l'un ou l'autre des pôles, est ce qu'on appelle *latitude*; ainsi elle est septentrionale ou méridionale.

Les dégrés de longitude se comptent, comme nous venons de le dire sur l'Équateur et sur ses parallèles; ceux de latitude sur les Méridiens. Ainsi l'arc de l'Équateur ou d'un de ses parallèles, compris entre le premier Méridien et le Méridien d'un lieu, de Paris, par exemple, en détermine la longitude. De même l'arc du Méridien compris entre l'Équateur et un lieu proposé en détermine la latitude.

Il est facile avec un Globe de trouver la longitude et la latitude d'un lieu. Si l'on veut voir, en suivant toujours l'exemple proposé, qu'elle est la longitude et la latitude de Paris, il n'y a qu'à placer cette commune sous le grand Méridien, puis élever le pôle arctique de 48 d, 50', 12" au-dessus de l'Horison, compter ensuite sur l'Équateur les dégrés compris entre le premier Méridien et celui de Paris, on aura sa longitude, qui est de vingt dégrés; compter de même sur le grand Méridien ceux qui se trouvent entre l'Équateur et Paris, on aura la latitude.

Comme les dégrés de longitude se comptent et se mesurent sur l'Équateur ou sur ses parallèles, ils ne peuvent pas avoir une étendue fixe. Sous l'Équateur ils sont égaux à ceux de latitude; mais comme le volume de la Terre diminue en approchant des pôles, chaque dégré de longitude se raccourcit à proportion; ainsi plus on approche des pôles, moins les dégrés de longitude ont d'étendue. Leur diminution à la vérité ne devient bien sensible que vers le trentième dégré de latitude où ils n'ont plus qu'onze myriamètres (22 lieues) : vers le soixante-unième ils n'en ont plus que six; vers le soixante-dixième ils n'en ont plus que quatre : vers le quatre-vingtième ils n'en ont plus que deux : vers le le quatre-vingt-neuvième ils n'en ont plus qu'un quart : et ils se réduisent à zéro aux pôles, parce que c'est-là où tous les Méridiens s'entre-coupent.

Il n'en est pas de même des dégrés de latitude : comme ils se mesurent sur les Méridiens, et que ceux-ci ne sont pas dans le cas de se rétrécir, puisqu'ils passent par les pôles et qu'ils coupent tous l'Equateur à angles droits; les dégrés de latitude ont tous la même étendue.

Il y a encore une différence entre les dégrés de longitude et ceux de latitude qu'il est intéressant de bien remarquer. Les premiers se comptent par 360, ce qui fait le tour du Globe. Les seconds ne se comptent que par 90. La raison de cette différence vient de ce que les anciens astronomes comptaient les dégrés en mesurant le Ciel d'Occident en Orient et ils en comptaient 360. Pour l'autre manière de mesurer le Ciel du Septentrion au Midi, ils le partagaient en quatre parties égales, de 90 dégrés chacune. On a fait dans la suite la même opération sur le Globe, et l'on s'est habitué à compter les dègrés de longitude et de latitude de la manière que nous venons d'indiquer. C'est la raison que l'on peut donner de ce que la Terre étant ronde, on appelle les dégrés, les uns dégrés de longitude, les autres dégrés de latítude; ou autrement, c'est que les anciens, qui connaissaient une plus grande étendue de terre de l'Ouest à l'Est, que du Nord au Sud, ont appelés les dégrés qu'ils comptaient d'occident en Orient dégrés de longitude, et ils ont appelés ceux qu'ils comptaient de l'Equateur, aux pôles, dégrés de latitude.

Les dégrés de longitude se marquent en haut et en bas dans les Cartes Géographiques ; et ceux de latitude à droite et à gauche. C'est sur ces dégrés que l'on établit les échelles des Cartes, et l'intersection des parallèles (il faut sous-entendre à l'Equateur ), et des Méridiens, déterminent la situation d'un lieu.

Afin de mieux entendre ceci, il faut remarquer que deux lieux, deux villes par exemple, peuvent avoir la même latitude : il suffit qu'ils soient sur le même cercle parallèle à l'Equateur : de même tous les lieux qui répondent au même Méridien ont la même longitude, quelque soit leur latitude ; ainsi quoique Paris et Alger (en Afrique) diffèrent beaucoup en latitude, ils ont même longitude, parce qu'ils répondent l'un et l'autre au même Méridien. Mais deux lieux ne peuvent avoir en même-tems la même latitude ( septentrionale ou méridionale ) et la même longitude, par exemple 50 dégrés de latitude et 20 de longitude, parce qu'il n'y a qu'un seul point de la surface de la Terre qui ait en même-tems cette longitude et cette latitude.

*Observations générales sur les dégrés de longitude et de latitude.*

Les dégrés de longitude et de latitude sont d'un si grand usage dans la Géographie, qu'on ne peut trop s'appliquer à s'en former une idée juste et à faire en sorte d'en acquérir une connaissance la plus exacte possible.

Nous avons dit que les dégrés de longitude se comptent d'Occident en Orient par 360, depuis le premier Méridien ; par conséquent un lieu qui serait à l'Occident et proche de ce Méridien, aurait près de 360 dégrés de longitude, tandis qu'un autre qui serait à l'Orient de ce cercle et qui n'en serait pas éloignée n'en aurait que deux ou trois. C'est pourquoi l'île de *Bonavista*, la plus orientale des îles du Cap verd ( vers la côte occidentale de l'Afrique ), est au 355eme. dégré de longitude quoiqu'elle ne soit éloignée de notre premier Méridien que de cinq dégrés, et *Fortarentura*, la plus orientale des Canaries, n'est qu'au cinquième, quoique ces deux îles ne diffèrent en longitude que de dix dégrés.

Quelques Géographes modernes, pour déterminer la situation des différens lieux qui sont situés à l'occident de notre premier Méridien; et pour faciliter le moyen de saisir promptement leur véritable position, ont adopté une nouvelle manière de compter les dégrés de longitude. Ils distinguent deux sortes de longitude, l'une *orientale* et l'autre *occidentale*; la première de l'Ouest à l'Est, depuis le premier Méridien jusqu'au 180ème. dégré, la seconde de l'Est à l'Ouest également, depuis le premier Méridien jusqu'au 360eme. dégré. Ainsi suivant cette manière de compter les dégrés, l'île de Bonavista est situé au cinquième dégré de longitude occidentale; et celle de Fortaventura au cinquième de longitude orientale.

Dans cette confection des Cartes, les Géographes qui ont adopté cette méthode, marquent les dégrés de longitude (selon l'ancienne manière de les compter) en haut, les autres en bas. C'est pourquoi, dans ces sortes de cartes, l'île *d'Anticosti* (dans le Golfe de St.-Laurent, dans l'Amérique séptentrionale) répond au 315eme dégré de longitude et au 65eme.

Les Géographes des différens pays n'adoptent pas tous le premier Méridien, ce qui serait cependant très-utile pour l'étude de la Géographie. En France même les uns prennent pour premier Méridien celui qui passe par l'île de Fer, les autres celui de Paris, De-là encore la différente manière dont les dégrés de longitude sont marqués dans les anciennes cartes et dans quelques-unes qui ont paru depuis peu. Les dégrés que l'on compte depuis le premier Méridien qui passe par l'île de Fer, sont marqués en haut dans ces sortes de cartes ; ceux que l'on compte depuis celui de Paris, le sont en bas. C'est pourquoi Moulins ( dans le Département de l'Allier ) et Brioude ( dans celui de la Haute-Vienne) se trouvent au premier et au vingt-unième dégré de longitude orientale; et Poitiers (dans le département de la Vienne), se trouve au deuxième dégré de longitude occidentale, en partant du Méridien de Paris ; et il se trouve au dix-huitième dégré de longitude orientale, en partant de celui qui passe par l'île de Fer.

Puisque les dégrés de longitude se comptent ordinairement d'Occident en Orient, si un lieu est plus oriental qu'un autre de 25 dégrés, on compte une heure de plus dans le premier que dans le second, c'est-à-dire, que s'il était par exemple, midi dans le second, il serait une heure dans l'autre; et si le premier était de 30 dégrés plus oriental, on y compterait deux heures de plus ; s'il était plus oriental de 60 dégrés, on y compterait minuit. C'est pourquoi quand il est midi à Paris, on compte une heure à Presbourg en Hongrie; deux heures à Nowogorod, Weliki dans la Russie européenne; quarre heures à Bakara dans la Tartarie indépendante; et à-peu-près minuit dans l'île de Diomïda, qui est située au Nord-Est de l'Asie, entre celle-ci et l'Amérique, vers le vingtième dégré. Cela vient de ce que Presbourg est plus oriental que Paris de quinze dégrés; Newogorod Weliki de 30; Bakara de 60, et l'île Diomïda d'environ 80. La raison en est que la Terre faisant sa révolution sur elle-même en vingt-quatre heures, chaque point de la surface parcourt 360 dégrés dans cet espace de tems d'Occident en Orient, et par conséquent quinze dégrés par heure puisque la vingt-quatrième partie de trois cents soixante est quinze.

La latitude d'un lieu est toujours égale à la hauteur du pôle; celle de Paris est de 48 d., 50'. 12"., parce que l'élevation du pôle pour cette commune est de la même quantité de dégrés.

Pour entendre ceci il faut observer que les peuples qui sont sous l'Equateur n'ont point de latitude, et le pôle n'est ni élevé ni abaissé par rapport à eux, puisqu'il est dans le plan de l'Horison. Mais tous les autres peuples voient un des pôles du Ciel plus ou moins élevé sur l'Horison, selon qu'ils sont plus ou moins éloignés de l'Equateur, tandis que l'autre est au-dessous. Ceux qui habitent l'hémisphère septentrional du Globe, voient le pôle arctique sur l'Horison, tandis que le pôle antarctique est au-dessous par rapport à eux; c'est le contraire pour les peuples qui habitent l'hémisphère méridional. Afin de faire mieux entendre tout ceci, supposons qu'un homme qui est placé sous l'Equateur avance vers le pôle boréal, on conçoit que l'Horison s'abaisse du côté vers lequel il dirige sa marche, tandis qu'il s'élève du côté opposé; comme il paraît en ce que ce voyageur découvre devant lui des objets qu'il n'appercevait pas auparavant, or cet abaissement de l'Horison au-dessous du pôle, est égal à la quantité de dégrés dont cet homme s'est éloigné de l'Equateur; ainsi quand il s'en sera éloigné de 50 dégrés, par exemple, son Horison sera abaissé d'un pareil nombre de dégrés au-dessous du pôle, ou, ce qui revient au même, ce pôle sera élevé de 50 dégrés sur l'Horison, et l'autre pôle sera abaissé de la même quantité au-dessous de la partie opposée de l'Horison.

Nous avons dit que quand on voulait connaître la latitude d'un lieu, de Paris, par exemple, il fallait élever le pôle boréal du Globe de 48 d, 59' 12": la raison en est que Paris est situé dans la partie septentrionale. Si l'on voulait connaître la latitude d'un lieu situé dans l'hémisphère méridional, il faudrait faire une opération toute contraire; c'est pourquoi si l'on voulait connaître la latitude de Lima (dans le Pérou, il faudrait élever le pôle méridional de 12 d, 1' 15", et on aurait la latitude de cette ville.

Quand on envisage les habitans de la Terre sous le rapport des longitudes et des latitudes des différens pays, on les désigne sous trois dénominations différentes. On les appelle *Périoeciens*, c'est-à-dire, habitans autour; *Antoeciens*, c'est-à-dire habitans opposés ; et *Antipodes.*

Les *Périoeciens* sont ceux qui habitent sur des points opposés du même parallèle, et conséquemment dans un hémisphère différent ( supérieur ou inférieur). Ils ont même latitude; mais ils diffèrent de 180 dégrés en longitude. Ils ont même climat et mêmes saisons, mais les heures opposées : les uns ont midi quand les autres ont minuit.

Les *Antoeciens* sont ceux qui habitent sous le même Méridien, mais dans des parallèles opposés et également distans de l'Equateur : ils ont même longitude et latitude égale ; mais celle-ci n'est pas la même, l'une est septentrionale, l'autre méridionale. Ils ont les saisons opposées; c'est pourquoi ceux qui habitent la partie septentrionale du Globe ont l'Eté, lorsque ceux qui sont sur l'hémisphère méridional ont l'Hiver.

Les Antipodes sont les peuples qui habitent des contrées diamètralement opposées. Ils ont latitude égale, mais l'une septentrionale, l'autre méridionale, et ils diffèrent de 180 dégrés en longitude. Ils sont conséquemment placés sous le même Méridien, mais dans des hémisphères opposés. Ils conviennent avec les *Périoeciens* en ce qu'ils diffèrent de 180 dégrés en longitude, et avec les *Antoeciens* en ce qu'ils ont

ont même latitude. Ils ont tout opposé, saisons, jours et heures.

On ne croyait ni à la possibilité ni à l'existence des Antipodes avant la découverte de l'Amérique: ce fut ce qui attira les foudres du Vatican sur l'Évêque de Saltzbourg. Ce savant Évêque avait compris qu'il y a des Antipodes; il s'en expliqua même dans le monde. Cette nouveauté parut si étrange que Boniface Evêque de Mayence se déclara contre lui, et l'accusa d'hérésie sur ce point devant le pape Zacharie, qui le condamna comme hérétique, pour avoir enseigné une vérité.

Bien des personnes encore ont peine à comprendre comment nos Antipodes peuvent se tenir sur la surface de la Terre; il leur semble que ces gens qui répondent à nos pieds, devraient tomber en s'écartant de la Terre: mais toutes les personnes que ces difficultés embarrassent en jugeront autrement; si elles font réflexion que tomber c'est s'approcher du centre de la Terre vers lequel les corps sont poussés par l'effet de la pesanteur et de l'attraction, comme nous l'avons dit. Or si nos Antipodes s'écartaient de la Terre en allant vers le Ciel, comme on se l'imagine communément, bien loin de s'approcher du centre de la Terre, ils s'en éloigneraient; ainsi ils ne tomberaient pas, mais au contraire ils s'éleveraient; ce qui est opposé à la loi des corps pesans: par conséquent ils ne doivent pas s'écarter de la Terre, puisqu'ils sont poussés comme nous vers son centre : lequel est entr'eux et nous. Voyez ce que nous avons dit en parlant de la Terre considérés comme planète.

### *De l'Eclyptique et de ses usages.*

L'Eclyptique du Globe répond à celui du Ciel. Sa plus grande distance de l'Équateur est de 23 dégrés environ 30 minutes. Il sert à faire connaître quels sont les peuples qui peuvent avoir le Soleil perpendiculaire à midi, ce qui ne convient comme on l'a vû, qu'à ceux qui sont entre les tropiques.

### *De l'Horison et de ses usages.*

L'Horison du Globe le partage en deux hémisphéres égaux; l'un *supérieur*, l'autre *inférieur*, On appelle hémisphère supérieur celui sur lequel on est placé; inférieur celui où sont placés les Antipodes.

L'Horison du Globe se divise, comme celui de la sphère armillaire, en Horison *rationel* et en Horison *sensible*. L'Horison rationel est un grand cercle dont la circonférence est également éloignée dans tous ses points du lieu dont il est l'Horison. L'Horison sensible sur le Globe ou sur la Terre, n'est autre chose que l'étendue de terrain que nous pouvons découvrir de tous côtés sur Mer, ou dans une plaine où la vue n'est point bornée par quelque montagne.

L'Horison du Globe sert pour représenter les Horisons de tous les lieux de la Terre. Par exemple, si l'on met Paris sous le grand Méridien, et qu'on élève le pôle du Globe de 48d., 49'. 12". au-dessus de l'Horison; alors le pôle sera monté horisontalement pour Paris, c'est-à-dire, que l'Horison du Globe représentera l'Horison rationel de Paris.

On donne une certaine largeur à l'Horison du Globe afin de pouvoir y marquer différentes choses qu'il est utile de connaître. On en partage la surface en trois circonférences de cercles. On trouve dans celle qui est la plus en dedans les figures des signes du *Zodiaque*, leurs noms, les marques caractèristiques dont on se sert pour les distinguer, avec les chiffres de leur dégrés. La circonférence qui est au milieu renferme les noms (1) et les chiffres qui indiquent la quantité de jours que chaque mois renfermoit : on y marque encore les quatre points cardinaux sous les noms de *Septentrion*, *Midi*, *Orient* et *Occident*. On trouve dans la troisième, qui est la plus en dehors, les noms des quatre points cardinaux répétés sous ceux d'*Est*, *Ouest*, *Nord* et *Sud*, avec ceux des points intermédiaires. Enfin on trouve dans la même les noms des vents qui soufflent le plus ordinairement sur la Méditerranée. Les principaux sont: *Ostro*, au *Sud*; *Siroco*, au *Sud-Est*; *Levante*, à l'Est; *Greco*, au Nord-Est; *Tramon-*

(1) On aura sûrement soin de marquer, dans les globes q'uon donnera dans la suite, les mois du Calendrier Républiçains avec le nom et la quantité des jours que chaque mois renferme,

*tana*, au Nord; *Massero*, au Nord-Ouest; *Ponente*, à l'Ouest; *Libecio*, au Sud-Ouest.

On distingue plusieurs points intermédiaires. Les principaux, sont: le *Nord-Est*, entre le Nord et l'Orient; le *Sud-Est*, entre celui-ci et le Midi; le *Sud-Ouest*, entre le Midi et l'Occident; le *Nord-Ouest*, entre l'Occident et le Septentrion.

*Des Tropiques et des Cercles polaires terrestres.*

Les Tropiques sont deux petits cercles que l'on trace sur les Globes, et que l'on conçoit placés sur la surface de la Terre de la même manière que les deux cercles célestes de même nom le sont dans le Ciel; et pareillement les deux polaires terrestres répondent à ceux du Ciel qui ont le même nom.

Les tropiques et les Cercles polaires partagent la Tèrre en cinq parties qu'on appelle *Zones*, dont celle du milieu est nommée *Torride*: les deux qui la terminent de part et d'autre, sont les *tempérés*: et les deux autres les *Froides* ou *Glaciales*.

On nomme la première Torride à cause de la chaleur extrême qu'on y éprouve constamment, vers l'Equateur principalement. Les deux glaciales se nomment ainsi, par la raison contraire. On appelle les deux autres tempérées, parce qu'elles tiennent le milieu entre les grands froids et les chaleurs excessives.

La Zone torride est comprise entre les deux tropiques : l'Equateur la partage conséquemment en deux parties égales, l'une septentrionale, l'autre méridionale; la première se termine au tropique du Cancer; la seconde à celui du Capricorne.

La Zone torride a à-peu-près quarante-sept dégrés de largeur, qui font environ cinq cents quatre-vingt-sept myriamètres, ( 1175 lieues moyennes ).

Les deux Zones tempérées sont comprises entre les tropiques et les cercles polaires, et se divisent en septentrionale et en méridionale; l'une entre le tropique du Cancer et le cercle polaire arctique; l'autre entre le tropique du Capricorne et le cercle polaire antarctique. Elles ont environ quarante-trois dégrés de largeur chacune, ce qui fait à-peu-près cinq cents trente-sept myriamètres ( 1075 lieues ).

Les deux Zones glaciales s'étendent entre les cercles polaires et les pôles. Elles ont chacune vingt-trois dégrés et demi de largeur; ce qui donne environ deux cents quatre-vingt-sept myriamètres, ( 5714 lieues moyennes ).

### *Des Climats.*

Comme les anciens Géographes trouvaient que la division de la Terre en cinq Zones, contenait des espaces trop vastes, ils en divisaient encore la surface par plusieurs cercles parallèles à l'Equateur, et ils inventèrent la division par *climats*, parce qu'ils la croyaient beaucoup plus propre à donner une idée plus précise de la situation des différentes régions de la Terre.

On appelle *climat* une espace de la surface de la Terre compris entre deux parallèles, à la fin desquels le plus grand jour de l'année est plus long ou d'une demi-heure, ou d'un mois que dans son commencement. Il y a donc deux sortes de climats, les climats de demi-heures et ceux de mois : les premiers se comptent de l'Equateur aux cercles polaires ; les seconds des cercles polaires aux pôles. La raison en est que depuis l'Equateur jusqu'aux cercles polaires la différence du plus grand jour est de 24 demi-heures ; et que depuis les cercles polaires jusqu'aux pôles, elle est de six mois. Il y a donc en tout soixante climats : trente d'un côté de l'Equateur, trente de l'autre.

Pour mieux entendre ceci, il faut se rappeler que les jours, sous l'Equateur sont de douze heures pendant toute l'année ; le plus long sous les cercles polaires, étant de vingt-quatre heures, il surpasse donc de 24 demi-heures la durée du jour sous l'Equateur, il y a donc vingt-quatre climats depuis ce cercle jusqu'aux cercles polaires ; mais depuis ceux-ci jusqu'aux pôles, le plus long jour, à la fin de chaque parallèle, surpassant d'un mois entier le plus long jour à la fin du parallèle précédent, et le plus long jour étant de six mois aux pôles, il y a par conséquent six climats de mois, pour chacun des hémisphères du Globe.

Tous les climats soit de demi-heures, soit de mois, n'ont pas la même largeur, c'est-à-dire que les intervalles compris entre les parallèles qui déterminent la largeur de chacun d'eux, ne sont pas égaux; car, entre les climats de demi-heures, ceux qui sont plus près de l'Equateur, ont plus de largeur : au contraire les climats de mois sont d'autant plus larges qu'ils sont plus près des pôles. Cette différence vient de ce que les climats de demi-heure dépendent de la grandeur de l'arc du tropique voisin, qui est sur l'Horison; au lieu que les climats de mois dépendent de l'arc de l'Eclyptique, lequel reste toujours sur l'Horison pendant que la sphère est censée faire sa révolution autour de son axe.

Voici deux tables à l'aide desquelles on pourra voir la différence de la largeur des climats de demi-heures et de mois, mais il faut observer que ces Tables ne sont que pour les climats septentrionaux, et qu'ils ne peuvent servir à trouver exactement la largeur des climats méridionaux. La raison en est que le centre du mouvement de la Terre n'étant pas le même que celui du Soleil, il arrive de-là que celui-ci paraîtêtre sept jours de plus dans la partie septentrionale du monde que dans la partie méridionale. Cela vient de ce que la Terre met sept jours de plus à parcourir les signes méridionaux, qu'elle n'en emploie à parcourir les signes septentrionaux.

*TABLE des Climats de demi-heures.*

| Climats. | Largeur des climats. | Climats. | Largeur des climats. |
|---|---|---|---|
| 1. . . | . 8d . . 34l | 13. . . | . 1d . . 33l |
| 2. . . | . 8 . . . . 9 | 14. . . | . 1 . . . 19 |
| 3. . . | . 7 . . . 26 | 15. . . | . 1 . . . . 7 |
| 4. . . | . 6 . . . 36 | 16. . . | . 0 . . . 57 |
| 5. . . | . 5 . . . 43 | 17. . . | . 0 . . . 47 |
| 6. . . | . 4 . . . 52 | 18. . . | . 0 . . . 40 |
| 7. . . | . 4 . . . . 9 | 19. . . | . 0 . . . 31 |
| 8. . | . 3 . . . 30 | 20. . . | . 0 . . . 27 |
| 9. . . | . 2 . . . 57 | 21. . . | . 0 . . . 19 |
| 10. . . | . 2 . . . 31 | 22. . . | . 0 . . . 14 |
| 11. . . | . 2 . . . . 8 | 23. . . | . 0 . . . . 8 |
| 12. . . | . 1 . . . 49 | 24. . . | . 0 . . . . 3 |

*Table des Climats de mois*

| Climats. | Largeur des climats. | Climats. | Largeur des climats. |
|---|---|---|---|
| 1. . . | . 0 . . . 51l | 4 . . | . 4 . . . 51l |
| 2. . . | . 2 . . . 27 | 5 . . | . 5 . . . 35 |
| 3. . . | . 3 . . . 57 | 6 . . | . 5 . . . 54 |

### *Du Cercle horaire.*

C'est un petit cercle qui est attaché au Méridien du Globe, et qui a pour centre le pôle septentrional qui est élevé par rapport à nous. Il y a douze heures marquées sur la demi-circonférence orientale de ce petit cercle, autant sur la demi-circonférence occidentale.

Les douze heures de la demi-circonférence orientale commencent à la partie inférieure, et finissent à la supérieure. Mais elles sont placées d'une manière opposée sur la demi-circonférence occidentale. L'extrémité de l'axe du Globe, laquelle est au centre du cercle horaire, porte une aiguille qui tourne et montre successivement différentes heures lorsqu'on fait tourner le Globe.

Le cercle horaire s'ert à faire connaître l'heure qu'il est dans une ville, quand il est midi dans une autre, à Paris et à Constantinople, par exemple. Pour y parvenir, il faut tourner le Globe jusqu'à ce que Paris soit sous le Méridien, et mettre pour lors l'aiguille des heures sur midi, ensuite faire tourner le Globe jusqu'à ce que Constantinople soit sous le Méridien, et regarder sur quelle heure est l'aiguille; c'est l'heure qu'il est à Constantinople lorsqu'il est midi à Paris. On trouvera qu'il est environ une heure trois quarts après-midi. De même si l'on veut savoir quelle heure il est à Paris, quand il est midi à Constantinople, on placera cette dernière ville sous le Méridien, et on mettra alors l'aiguille sur midi; puis on tournera le Globe jusqu'à ce que Paris réponde au Méridien, et on trouvera qu'il est à-peu-près onze heures trois quarts à Paris, quand il est midi à Constantinople.

## *Des Cartes Géographiques.*

Les Cartes Géographiques sont de trois sortes, les générales, les particulières et les topographiques.

On renferme dans la classe des premières non-seulement la *Mappe-monde* et le *Planisphère* (1) mais encore celles où les principales parties du Globe sont décrites, comme l'Europe, l'Asie; etc.

On met encore au nombre des Cartes générales toutes celles qui représente en raccourci une region, où il n'y a de figuré que les objets les plus considérables, comme la Carte de France, celle d'Allemagne, celle d'un Département.

---

(1) Mappe-monde ne signifie autre chose que le PLAN DU MONDE ou le monde représenté en plan; c'est le nom que l'on donne à la carte qui représente le Globe terrestre en entier. Gette carte est composée de deux hémisphères, parce que le Globe artificiel, qui est la représentation du Globe terrestre, ne pouvant être vu d'un seul aspect, on est forcé de le représenter en deux moitiés, dont chacune est appelé hèmisphère, c'est-à-dire, demi-Sphère, demi-Globe, qui est la moitié de la surface du Globe, que l'œil peut appercevoir, et que l'on nomme (Plan Hémisphère) parce qu'on le représente en Plan.

Les Cartes particulières sont celles où les parties sont plus distinguées les unes des autres, dans lesquelles outre les villes et les bourgs, sont aussi marqués tous les lieux de détail.

Les Cartes topographiques sont celles, qui, géométriquement levées sur les lieux, outre tous les villages, les hameaux, maisons, moulins, etc. figurent les bois, vignes, prés, terres labourables, bruyères, etc.; et indique les ruisseaux, les étangs, marais, fontaines, mares, et généralement tous les objets de remarque.

Il y a deux choses qu'il importe de bien remarquer dans les Cartes: ce sont les quatre points cardinaux, et les dégrés de longitude et de latitude.

Dans toutes les cartes qui paraissent maintenant, le Nord est marqué en haut, le Midi en bas, l'Orient à droite, l'Occident à gauche, comme nous l'avons dit en parlant des longitudes et des latitudes. Les dégrés de longitude sont marquée en haut et en bas; ceux de latitude à droite et à gauche.

On ne doit regarder les Cartes que comme des portions détachées du Globe artificiel, c'est pourquoi il serait à desirer que tous ceux qui commencent à étudier la Géographie en eussent un continuellement sous les yeux, afin de pouvoir saisir tout-à-coup la véritable situation des principales parties de l'univers, et leur rapport avec les Mers, soit intérieures soit extérieures.

Quand ensuite ils en viendraient à faire usage des Cartes générales, ils n'auraient aucunne peine à saisir la position respective des divers États que chaque grande région renferme : et au moyen des Cartes particulières, il leur serait facile de connaître en détail toutes les moindres parties que chaque Etat embrasse, et de voir la manière dont elles correspondent les unes aux autres.

Cette marche est naturelle, et la seule, on peut le dire, que l'on puisse suivre si l'on veut faire quelques progrès dans l'étude de la Géographie, car si l'on se contente de s'occuper au hazard du premier Etat qui se présentera, on ne parviendra, jamais, faute de connaître sa véritable position, à s'en former une idée exacte, et à saisir les rapports qu'il peut avoir avec ceux qui l'environnent.

Quand on étudie la Géographie sur un Globe, sur une Mappe-monde ou sur une Carte, il faut toujours avoir l'attention de les placer dans leur situation naturelle : c'est ce qu'on appelle les *orienter*. Il est imppossible si l'on ne prend pas cette précaution, de connaître qu'elles sont les régions et les Etats qui sont à l'Orient des pays que l'on habite; ceux qui sont situés vers le Nord; ceux qui le sont à l'Ouest, ou ceux qui le sont au Sud. Les Cartes doivent donc être toujours placées de manière qu'elles répondent aux quatre points Cardinaux du Monde. Il est facile, en les tenant toujours dans cette position, de saisir la suite des différens Etats, et leur situation par rapport au point du Globe sur lequel on se trouve placé.

Prenons pour exemple celui où nous nous trouvons La France étant située dans la partie Occidentale de l'Europe, elle n'a à son couchant aucune Région qui fasse partie de l'ancien Continent : tous les Etats qu'elle renferme sont donc situés par rapport à elle ou au Nord, ou à l'Est, ou au Sud, ou ils répondent aux points intermediaires. Il faut donc, pour en saisir la suite sur une Mappe-monde ou sur les Cartes générales, se placer, en étudiant la Géographie, de manière que l'on puisse suivre la position des différens Etats dans leur ordre naturel par rapport à la France de l'Ouest à l'Est; et dans ce cas il faut avoir la face tournée vers l'Orient. C'est le contraire quand on veut connaître la position des différentes Régions du nouveau Monde. Par la même raison quand on s'occupe des Etats situés au Nord, il faut avoir la face tournée vers le Septentrion, et quand on veut connaître ceux qui le sont au Midi, il faut l'avoir tournée vers le Sud. Il se présente une difficulté pour ceux-ci : c'est qu'attendu la manière dont les Cartes sont dréssées, le nom des Etats, des provinces des Départemens, des Villes, des Fleuves, des Montagnes qui s'y trouve inscrits, se présente en sens contraire. C'ette difficulté ne peut embarrasse tout-au-plus que les jeunes élèves qui commencent à étudier la Géographie : et il est très-aisé de la leur applanir.

Il suffit de les accoutumer à lire en sens contraire le nom de l'Etat, du Département, de la Province dont on leur fait la description.

Ainsi, quand on voudra, par exemple, leur faire la description de l'Espagne ou de quelques-unes des parties de l'Afrique, on les fera placer de manière qu'ils ayent la face tournée vers le Sud; et ainsi des différentes parties de chaque Continent.

Ce que nous disons de la manière dont on doit s'y prendre pour accoutumer les élèves à saisir la situation des grandes régions peut s'appliquer de même à la marche qu'on doit suivre pour leur faire connaître en détail la situation des moindres parties que chaque Etat renferme. Par cette raison quelqu'un, qui, étant placé à l'extrémité Occidentale du département du Finistère, voudrait étudier la Géographie Moderne de la France, devrait avoir la face tournée vers l'Orient : ce serait le contraire pour celui qui se trouverait placé à l'éxtrémité Orientale du département du Mont-Terrible.

## CHAPITRE II.

*Des termes propres à la Géographie : de la distribution générale du Globe, et des différentes sortes de Gouvernemens.*

LA Géographie est une science qui embrasse la description générale de la surface du Globe. Celle-ci présente d'abord la distinction de la *Terre et de l'Eau* De-là la division de la Géographie en *Géographie proprement dite, et en Hydrographie.* La première est la description particulière de la Terre ; la seconde est la description particulière de l'Eau.

La Géographie proprement dite, considérée par rapport à l'étendue des pays qu'elle entreprend de décrire, admet deux divisions particulières. On l'appelle *Chorographie* quand elle s'arrête aux détails principaux d'une Région ou d'un Pays d'une grande étendue, comme la France, l'Espagne. On la nomme *Topographie* quand elle marque toutes les particularités d'un Terrain d'une médiocre grandeur, comme d'un Canton, d'une Commune.

La Géographie proprement dite, envisagée sous les différens rapports sous lesquels elle embrasse la description de la surface du Globe, se divise en Géographie *phisique, historique et politique.*

La Géographie physique considère le Globe Terrestre 1°. par ce qui constitue sa substance ; 2°. par ce qui compose sa surface. La première partie regarde l'histoire naturelle proprement dite ; la seconde appartient à la Géographie.

La Géographie historique donne la description des lieux où se sont passés les évènemens rapportés par l'histoire. Elle en indique la situation ; elle marque les distances qui les séparent, les rapports qu'ils ont entr'eux, les époques où chaque Etat a commencé à se former, les révolutions qu'il a subies en différens tems, sa situation actuelle.

La Géographie politique est la description des parties de la Terre distinguées par différentes limites que l'ancienne possession, les conquêtes ou les traités de paix, ont assignées aux différentes Nations qui les habitent. Elle fait connaître la forme de Gouvernement en usage dans chaque Etat, les intérêts, les relations qui unissent ou divisent les Empires ; les causes de l'élevation des uns de l'abbaissement des autres, les évènemens mémorables qui ont précipités ceux-ci vers leur ruine, ou qui ont contribué à la prospérité et la splendeur des autres.

La Géographie, considérée comme déscription du Globe se distingue suivant les tems où l'on suppose que cette description à été faite. On assigne trois âges à la Géographie comme à l'Histoire. Le premier âge est

est celui de la Géographie ancienne ; la Géographie du moyen âge lui a succédé, et la Géographie moderne a servi d'éclaircissement aux deux autres.

La Géographie ancienne donne la description de l'univers, tel qu'il a été connu depuis la création du monde jusqu'à la chûte de l'Empire Romain.

Celle du moyen âge embrasse la description de la Terre, tracée depuis la décadence de l'Empire jusqu'au renouvellement des lettres. Enfin l'objet de la Géographie moderne, est de faire connaître la situation des différentes parties du Globe, au moment où l'on entreprend d'en faire la description.

LaGéographie proprement dite et l'Hydrographie ont, comme toutes les autres sciences, des termes qui leur sont propres et particuliers. Il faut les expliquer.

## ARTICLE I.

### *Des Termes de la Géographie proprement dite ; avec la distribution générale du Globe.*

La Terre est tout ce qui paraît hors de l'Eau sur la surface du Globe. Elle se divise en *Continens* et en *Iles*.

Le Continent, ou *Terre Ferme* est une grande étendue de Terre qui comprend plusieurs Régions, qui ne sont point séparées les unes des autres par la Mer.

Le Globe renferme deux grands Continens, l'ancien et le nouveau. On comprend sous le nom d'*Ancien Continent* la partie du Globe que nous habitons, et on la nomme ainsi parce qu'elle a toujours été connue, au moins dans ses principales parties. Le *Nouveau Continent* se nomme ainsi parce qu'il n'est connu que depuis quelques siècles. C'est par la même raison qu'on le nomme encore le *Nouveau Monde*.

On pourrait ajouter deux autres Continens, dont l'un comprendrait les *Terres Arctiques*, *l'autre les Terres Australes*; mais comme on ignore absolument si ce sont des Terres fermes ou des Iles, on n'a pas encore pu en determiner l'étendue ni la configuration : peut-être même n'y parviendra-t-on jamais, à cause des difficultés presqu'insurmontables qu'il y aurait à vaincre.

L'ancien Continent se divise en trois parties d'une fort grande étendue chacune : savoir, l'Europe, l'Asie, l'Afrique. Le nouveau Continent comprend les deux Amériques, la septentrionale, la méridionale.

Les différentes parties de la surface du Globe qui forment les grands Continens, se divisent de différentes manières, suivant les rapports sous lesquels on les envisage. Considérés quant à leur étendue, on les partage en *régions*. Envisagées sous le rapport de la population, on les divise en *Nations* et en *Peuples*. Ces deux noms se confondent quelquefois; mais une Nation comprend plusieurs peuples. Ceux de la Souabe, de la Franconie, de l'Autriche, etc. forment la Nation Allemande: les Francs, les Bourguignons, les Marcomans, les Cades, etc. composaient la nation Germaine: les Cautiens, les Trinobantes, les Icéniens, les Donubiens, etc. formaient la nation Bretonne, etc. etc.

Les Régions se divisent en grandes et en moyennes. Une grande Région est une étendue considérable de Terre habitée par plusieurs peuples contigus, compris sous une même nation, séparée par des régions voisines ou par des bornes naturelles ou par le langage des habitans.

L'Espagne et l'Italie sont des régions divisées naturellement par des montagnes et des mers. De même la Grèce proprement dite était une région séparée des régions voisines par des mers et par une longue chaîne de montagne (*Cambucinî montes*, qui la séparait au Nord de la Macédoine.

Les moyennes régions se subdivisent encore en portions plus petites que l'on appelle *Pays*,

Ce nom de pays dérive du mot *Pagus*, c'était le nom que les anciens donnaient à une certaine étendue de terrain d'une moyenne grandeur qui renfermait un peuple particulier et distingué des autres peuples qui habitaient la même région, soit par ses mœurs, ses coutumes ou ses usages. Cette distinction de différens peuples qui avait lieu autrefois en France, ne subsiste plus aujourd'hui ; tous les Français ne forment plus qu'un seul et même peuple, une seule nation.

Les pays se divisent aussi en moindres portions appelées proprement *Contrées*, *Cantons*. La contrée est une portion d'un grand pays, laquelle a ses bornes et ses limites. Le canton est la partie du pays distinguée du reste. Nous entendons maintenant par le mot de canton un certain arrondissement qui comprend plusieurs communes réunies sous la même administration municipale.

Les grandes et les moyennes régions, envisagées selon leur rapport avec le Ciel, se divisent en Orientales, en Occidentales, en Septentrionales, en Méridionales par rapport aux autres, ou à l'égard de quelqu'autre région située vers l'Est, l'Ouest, le Nord ou le Sud.

On divise une région en *citérieure* et *ultérieure* selon la proximité ou l'éloignement d'un lieu proposé. Cette division se fait par les Fleuves, les Rivières ou les montagnes : comme l'ancienne Lombardie par le Pô, en-deçà et au-delà de ce Fleuve, eu égard au reste de l'Italie.

Quand on détermine la situation des différentes parties d'une région par le cours d'un Fleuve ou d'une Rivière, on les distingue par les noms de *hautes basses* ou *inférieures*. On nomme haute la partie située vers sa source, ou vers son entrée dans la région: on appelle basse ou inférieure la partie voisine de l'embouchure ou de la sortie du même Fleuve. De-là les noms que portent différens départemens, tels que ceux de la Haute-Loire, de la Loire-inférieure, de la Haute-Marne, de la Haute-Saône, de la Seine-inférieure, etc.

Parmi le grand nombre de régions qui touchent à la Mer, il y en a quelques-unes, dont la partie qui en est la plus éloignée et la plus engagée dans les terres, s'appelle *haute*, et la partie qui en est la plus proche se nomme *basse*; comme la haute et basse Egypte, *Ægyptus superior*, *Ægyptus inferior*; la haute et basse Allemagne, la première au Midi, la seconde au Nord vers la Mer Baltique.

On appelle *Pays-Bas* quelques régions voisines de la Mer, ou plusieurs Rivières ont leur embouchure. C'était le nom, que l'on donnait à cette partie de la France qui comprend maintenant les départemens de la Belgique.

Il y a des régions qui se partagent en *grandes* et *petites*, eu égard à leur grandeur respective; comme l'Asie qui est divisée en Asie majeure et en Asie mineure; la grande et petite Tartarie; le grand et le petit Tibet.

Quelques régions se partagent en *vieille* et *nouvelle*, à raison de l'ancienneté ou de la nouveauté de la possession, ou à cause de la nouvelle découverte; comme la vieille et nouvelle Castille, la nouvelle France, la nouvelle Hollande, etc. etc.

Une *île* est une portion de terre, bien moins étendue que le Continent, et qui est entourée d'eau de tous côtés. Le nombre des îles répandues dans les différentes Mers, dans les grands Fleuves dans les Rivières, est presqu'infini. On rapporte à chaque partie des continens celles qui n'en sont pas éloignées; et l'on fait connaître la position des autres par les dégrés de longitude et de latitude: c'est le seul moyen dont on puisse faire usage pour en déterminer exactement la situation.

*Presqu'île* en français, *Peninsule* en latin, Chersonèse en grec, est une partie de terre avancée dans la Mer et environnée d'eau, excepté d'un côté par lequel elle tient à une autre terre; comme l'Espagne, l'Italie, la Morée, etc. En ce sens l'Afrique est une grande presqu'île. L'Amérique septentrionale et l'Amérique méridionale en forment deux autres.

On appelle *Isthme* une portion de terre resserrée entre deux mers, qui joint une presqu'île à la terre ferme ou à une autre presqu'île, comme l'Isthme de Suez, l'Isthme de Panama, celui de Corinthe, dont le premier joint l'Asie avec l'Afrique. le second unit les deux Amériques, et le troisième fait la communication de la Livadie avec la Morée.

Les inegalités qui se trouvent sur la surface de

la terre, sont désignéas par les noms de *montagnes* ou *mont*, de *collines*, de *tertres*.

La montagne est une éminence fort élevée au-dessus de tout ce qui lui est contigu. Les chaînes de montagnes sont formées de rochers escarpés, entassées les uns sur les autres, au milieu desquels on rencontre à chaque pas des précipices plus ou moins profonds qui en rendent le passage très-difficile, impratiquable dans beaucoup d'endroits. Les montagnes sont entre-coupées par une infinité de vallées, dont les unes sont habitées, les autres désertes.

On trouve dans les montagnes des passages étroits pour traverser d'un pays à l'autre. Les anciens appellaient ces passages *Pilæ*; comme celui des Termopyles *Termopylæ*, dans le Mont *Æta*, entre la Thessalie, la Phocide et la Béotie (parties de l'ancienne Grèce): les passages de Syrie, *Syriæ pilæ*, vers la pointe orientale du mont *Pierius*, à l'Est du golfe d'*Issus* (entre le trente-sixième et le trente-septième dégré de latitude septentrionale, et le cinquante-quatrième et le cinquante-cinquième de longitude). Ces passages dans notre langue, se nomment *Pas* ou *Côl*.

La plupart des montagnes en se prolongeant au loin dans une infinité d'Etats peuvent servir à en déterminer la position respective. On pourrait en fixant l'étendue de ces montagnes, ce qui est facile, au-moyen des dégrés de longitude et de latitude, faire remarquer ceux qui s'étendent des deux côtés, ceux auxquels elles servent de limites, ceux qui se trouvent engagés dans les gorges et au milieu des précipices qu'elles renferment.

On trouvera en suivant cette marche la Norvège et la Suède des deux côtés des Ophrines; le gouvernement d'Archangel au couchant des Kamenoi-Poyas (les Monts Riphées), le pays des Samogèdes à l'Est; la France au Nord, l'Espagne au Midi des Pyrénées; le royaume de Maroc, de Fès, d'Alger, de Tunis et de Tripoli au nord du Mont Atlas, le Biledulgérid et la partie orientale du Sara au Midi, etc. etc.

Cette méthode en saisissant des points fixes et invariables, offre pour faire connaître la situation respective des divers états un moyen d'autant plus sûr qu'il est en quelque sorte pris dans la nature même, car la position de toutes ces longues chaînes de montagnes qui occupent une partie si considérable du Globe, étant une fois bien connue, il serait facile de rapporter à chacune les divers états qui y confinent ou qui n'en sont pas éloignés.

On nomme *Pic* une montagne qui se termine en pointe, comme le pic de Ténériffe, dans l'île de même nom, l'une des Açores: celui d'Adam, dans l'île de Ceylan.

*Colline* est une moyenne montagne. Il y a quelques cantons en France où les collines se nommaient autrefois *Gatines*, comme dans la partie méridionale eu département de Seine et Marne et dans la partie septentrionale de celui du Loiret.

*Tertre* est une petite éminence, dont le sommet n'est point terminé par dés rochers. On donne en certains cantons ce dernier nom à quelques chaînes de rochers, qui ont peu d'étendue et peu d'élévation.

*Côte* est la descente ou le penchant d'une montagne; et le côteau est la descente d'une colline. La plupart des côtes et des côteaux sont, dans les différens cantons de la France, ou couvert de vignobles, ou abondent en pâturages secs où l'on éléve quantité de bestiaux de toute espéce, beaucoup de bêtes à laine sur-tout.

La vallée est un fond entre les penchans des montagnes, des collines ou des côteaux. Les vallées sont ordinairement remplies de prairies et d'herbages, celles principalement qui sont voisines des rivieres.

La *Plaine* est une espace de pays plat et uni, plus ou moins étendu qui n'est dominé par aucune éminence considérable. Les pays de plaines, qu'on appelle aussi *pays ouverts*, sont plus propres à la culture des grains de toute espèce que les autres; mais aussi les pâturages n'y sont pas ordinairement communs : on y supplée par les prairies artificielles.

On nomme *Bôcages* les pays couverts, où les propriétés son séparées les unes des autres par des fossés ou des hayes vives. Ces sortes de pays abondent en prairies, en herbages, en pâturages. On y élève, on y engraisse quantité de bestiaux de toute espèce.

Parmi les Terres il y en a dans les mêmes contrées qui sont naturellement beaucoup plus fertiles les unes que les autres : d'autres qui sont absolument stériles : on nomme celles-ci *Déserts*. Le moyen le plus sûr de rendre fertile une plus grandes étendue de terrein, c'est d'encourager l'agriculture.

La Terre relativement à la Mer qui l'environne, se divise en *Terres intérieures*, et en *Terres maritimes* ou *côtes*.

Les Terres intérieures sont celles qui occupent le centre des Continens, et dont la plupart sont conséquemment très-éloignées des Mers : les Terres maritimes sont celles qui en sont voisines.

Le commerce est en général moins florissant dans les Etats qui sont situés au centre des Continens que dans ceux qui sont voisins de la Mer. Le commerce maritime, avant la découverte de l'Amérique, et avant qu'on eût trouvé un chemin pour arriver aux Indes Orienales en doublant le Cap de Bonne-Espérance, se réduisait à bien peu de chose pour les peuples de l'Europe.

La *Terre Maritime* ou côte se divise en *Rivage*

et en *Grève*. Le Rivage est l'extrémité de la côte le long de la Mer. Ce nom se donne aussi à l'extrémité de la Mer le long de la côte que l'on appelle vulgairement le bord de la Mer. On donne encore les noms de Rivages, de bords, de rives aux deux côtés des Fleuves et des Rivières.

La *Grève* est la partie de la côte que la Mer couvre et découvre par son flux et reflux.

Le *flux* et *reflux* est un mouvement qui élève les flots de l'Océan, suivi d'un mouvement contraire qui les abaisse. Dans leur élévation les flots se répandent sur le rivage : dans leur abaissement ils se retirent. Le flux et reflux se fait deux fois en vingt-quatre heures, et à des heures réglées : la Mer est régulièrement six heures à monter et six heures à descendre ; et elle retarde de près d'une heure tous les jours.

L'action de la Lune sur l'atmosphère de la Terre, est l'unique cause du flux et du reflux de la Mer.

Les Côtes sont des avances dans la Mer. Les Latins les nommaient Promontoire, *Promontorium:* Nous les nommons *Caps* ou *Pointes* ; Caps quand l'avance de Terre est élevée en forme de montagne, comme le Cap Comorin, *Comaria Promontorium*, dans la presqu'isle en de-çà du Gange ; le Cap Guardafui, *Aromata promontorium*, sur la côte Orientale de l'Afrique. Nous les appellons *Pointes*, si cette avance a peu ou point d'élévation, comme la pointe de Pen-Mark, *Gobœum promontorium*, dans le Département du Finisterre.

Les noms de *Chef*, de *Tête*, de *Bec* sont usités dans quelques endroits de la France. et se prennent pour celui de *Pointe*, comme Chef-de-Caux dans le Département de la Seine-Inférieur; *Tête de Buch* au Midi du Bassin d'Arcachon dans le Département de la Gironde; *Bec-d'Ambez* entre la Garonne et la Dordogne.

Les *Dunes* sont de petites collines de sable sur le bord de la Mer. On trouve dans quelques unes des pâturages secs où l'on engraisse une espèce de moutons qu'on appelle moutons de pré-salé, dont la chair est très-délicate. D'autres abondent en Lapins, dont les habitans des côtes tirent un bon parti.

*Falaises* sont des côtes élévées et escarpées au bord de la Mer, et coupées à Pic.

Les *Roches* ou *Rochers* en Mer sont de grosse masses de pierres contre lesquelles les vaisseaux se brisent; c'est pour cette raison qu'on les appelle *Brisans*, comme le rocher de Calvados le long des côtes du Département de même nom. Les uns ne sont jamais couverts de la Mer; les autres se découvrent en basse marée; d'autres sont toujours sous l'eau. Les *Vigies* sont des pointes de rochers cachées sous l'eau, plus ou moins proche de sa surface.

Les *Bancs de sable*, *basse* ou *syrtes* sont des sables accumulés sous l'eau, dont les uns se découvrent lorsque la Mer est basse, les autres ne sont jamais découverts. On les appelle *Bancs* parce qu'ils sont élevés au-dessus du fond de la Mer comme un banc. On les nomme aussi Ecueilles lor squ'ils s'y rencontre des roches.

## ARTICLE II.

### *Explication des Termes qui regardent l'Hydrographie.*

L'Eau en général se divise en *Mers*, en *Lacs*, en *Fleuves* et en *Rivières*.

La Mer est cet amas immense d'eaux qui environnent les continens. Les Mers sont ou dégagées des continens ou en fermées dans les Terres. De-là leur division en *Mers extérieures* et en *Mers intérieures*.

On donne en général le nom d'*Océan* à la Mer qui environne l'un et l'autre des continens, par opposition aux Mers qui sont engagées dans les Terres.

La partie de l'Océan qui environne l'ancien continent, prend divers noms qu'elle emprunte des régions du Ciel vers lesquelles ses parties sont situées à l'égard de notre continent, ou des quatre points cardinaux du monde; de-là sa division en Océan Occidental ou Atlantique, Septentrional, Oriental et Méridional.

Cette partie de l'Océan prend encore quatre dénominations différentes. On l'appelle Océan Celtique, Scytique, Indien et Éthiopien. Ces différens noms lui viennent des Celtes qui occupaient la partie du Nord-Ouest de notre Continent; des Scythes qui habitaient la partie Septentrionale; des Indiens qui occupaient la partie Orientale, des Ethiopiens qui habitaient la partie Méridionale.

L'Océan Celtique, *Celticum vel atlanticum Mare*, qu'on nomme quelquefois simplement l'Océan, baigne les côtes occidentales de l'Afrique et de l'Europe; le Scytique, *Scyticum vel Pigrum Mare*, s'étend le long des côtes Septentrionales de l'Europe et de l'Asie; l'Indien, qu'on appelle encore Mer des Indes, *Indium Mare*, arrose la côte Orientale et la côte Méridionale de l'Asie; l'Ethiopien, *Aethiopicum Mare*, baigne la côte Méridionale de l'Afrique.

La partie de l'Océan qui embrasse le Nouveau Continent, conserve le nom Général de Mer et se divise en deux parties, l'une appellée *Mer du Nord*, l'autre *Mer du Sud*. Ces deux noms lui ont été donnés par Christophe Colomb, qui, ayant reconnu que l'Isthme de Panama, qui fait la communication des deux Amériques, était entre deux Mers différentes, appella *Mer du Nord* celle qui est au Septentrion et *Mer du Sud* celle qui est au Midi de cet Isthme.

Le nom de Mer du Nord s'est communiqué dans la suite à toute la grande Mer qui est à l'Orient, et celui de Mer du Sud à la grande Mer qui est à l'Occident de l'Amérique; et les Géographes on continué de lui donner ces deux noms.

Cependant si l'on veut y faire attention, il sera facile de remarquer que ces dénominations ne conviennent guères à ces deux parties de l'Océan. La première qu'on appelle si improprement *Mer du Nord*, s'étend, suivant presque tous les Géographes, qui lui donnent constamment ce nom, le long des côtes Orientales des deux Amériques; on devrait donc plutôt l'appeller Mer de L'Est que Mer du Nord, car cette dernière dénomination ne peut, à strictement parler, lui être appliquée que pour la partie qui baigne les côtes de l'Amérique septentrionale.

Il en est de même de la Mer du Sud. Les voyageurs Européens ont continué, après Christophe Colomb, de lui donner ce nom, parce que venant des Indes Orientales, ils descendent toujours au Sud, jus'qu'à ce qu'en tournant par la Terre de Feu, qui termine le midi de l'Amérique, ils entrent dans la Mer qui en baigne les côtes Occidentales. Puisque cette Mer baigne les côtes Occidentales des deux Amériques on devrait donc l'appeller la Mer de l'Ouest, et il faut convenir que cette dénomination lui conviendrait beaucoup mieux.

Quelques Géographes modernes, afin de faire disparaître l'inconvenance de ces deux dénominations, ont conservé le nom de Mer du Nord à la partie de l'Océan qui baigne la partie orientale de l'Amérique Septentrionale, et ils ont compris sous le nom d'Océan Méridional celle qui baigne la partie du Sud-Est et celle du Sud-Ouest de l'Amérique Méridionale; et ils ont continué de donner, après Magellan, le nom de Mer Pacifique à la partie de la Mer du Sud qui arrose le Nord-Ouest de l'Amérique.

Cette division paraît beaucoup plus naturelle, et présente un moyen bien plus simple pour distinguer les différentes parties de la Mer qui embrasse le nouveau monde.

Les deux Mers qui environnent l'un et l'autre des continens, se divisent en plusieurs autres, plus ou moins étendues. Elles sont distinguées par différens noms qu'elles empruntent pour la plupart des diverses régions dont elles baignent les côtes, de-là les différentes dénominations de mers d'Allemagne, de Danne-d'Ecosse, d'Irlande, etc., etc.

La partie de l'Occéan qui baigne les côtes de l'Europe, forme trois grands Golfes qui retiennent le nom de Mer: la Mer blanche, la Mer baltique et la Mer Méditerranée.

La Mer blanche ou Golfe de Russie est une extension de l'Océan glacial. Elle sépare la partie septentrionale

tentrionale de la Russie européenne de la Laponie. Cette mer n'a point été connue des anciens.

La Mer baltique est une extension de l'Océan Atlantique. Elle forme deux grands Golfes, dont l'un appelé le *Golfe de Bothnie*, s'avance considérablement vers le Nord de la Suède qu'il partage en deux parties presque égales; l'autre nommé le Golfe de Finlande, s'étend vers l'Est, et sépare la partie du Sud-Est de la Suède de la partie du Nord-Ouest de la Russie européenne.

Les anciens appellaient cette mer *Codanus sinus sive Suevicum mare.* Ce dernier nom lui venait des Suèves, nation puissante qui occupait la partie septentrionale de la Germanie.

La Méditerranée s'étend depuis le détroit de Gibraltar jusqu'à l'Asie, entre l'Europe et l'Afrique. Les anciens lui avaient donné le nom de mer intérieure, *internum mare.* Ils appellaient basse-mer ou mer inférieure, *inferum mare*, la partie de cette mer qui baigne la côte occidentale de l'Italie, pour la distinguer de celle qui en arrose la côte orientale qu'ils nommaient haute-mer ou mer supérieure, *superum mare*. Ils nommaient encore la première mer Thyrrène ou d'Etrurie, *Tuscum vel Thyrrenum mare*; et la seconde Mer Adriatique, *Adriaticum mare.*

La Méditerranée forme cinq grands Golfes, dont quatre retiennent le nom de Mer : celui de Venise;

l'Archipel qu'on nomme aussi Mer blanche; la Mer de Marmara; la Mer noire, et celle d'Asof ou de Zabach. Le Golfe de Venise sépare l'Italie de la Turquie d'Europe; l'Archipel sépare celle-ci de la Natolie ou Asie mineure. La Mer de Marmara, la Mer noire et celle d'Asof sont entre l'Europe et l'Asie.

La Méditerranée forme encore deux autres Golfes assez considérables, mais beaucoup moins étendus que les précédens: celui de Lyon, *Gallicus sinus*, et celui de Gênes, *Ligusticus sinus*.

L'Archipel se nommait la Mer Égée, *Ægœum mare*; la Mer de Marmara la Propontide, *Propontis*; la Mer noire le Pont-Euxin, *Pontus-Euxinus*, celle d'Asof les Palus Méothides, *Meotis palus*.

La Mer de Grèce ou Mer Ionienne, *Ionium mare*, est au Sud-Est de la Mer adriatique; elle baigne la côte occidentale de la Turquie d'Europe. Cette Mer forme un Golfe assez étendu: celui de Lépante ou de Corinthe, *Corinthiacus sinus*.

Les différentes parties de l'Océan qui baignent les côtes de l'Afrique, ne forment aucuns Golfes considérables. La partie de l'Océan atlantique, qui correspond à cette partie de l'ancien continent, renferme les Mers des Canaries, du Cap verd, et de Guinée. L'Océan méridional comprend celle de Congo, des Cafres et de Zanguebar.

L'Océan Indien forme un grand nombre de Golfes

très-considérables, dont qnelques-uns prennent le nom de Mer : savoir ;

Le Golfe arabique appelé Mer rouge, *Arabicus sinus*, qui sépare la partie du Sud-Ouest de l'Asie de l'Afrique;

La Mer d'Arabie, *Ærithrœum mare*, entre l'Arabie et l'Inde : cette mer forme le Golfe persique, *Sinus persicus*, qui sépare l'Arabie de la Perse;

Le Golfe de Bengal ou du Gange, *Gangeticus sinus*, entre la presqu'île occidentale et la presqu'île orientale;

Le Golfe de Siam, *Magnus sinus*, entre la presqu'île de Malaca et le royaume de Camboge;

La Mer de Corée au Nord-Est de la Chine;

Le Golfe d'Amur à l'Orient de la Sibérie; la Mer de Coree et le Golfe d'Amur n'ont point été connus des anciens;

L'Océan oriental comprend encore la Mer de la Chine et l'Archipel des Moluques.

Les Mers qui baignent les côtes de l'Amérique, forment plusieurs grands Golfes, dont les unes prennent le nom de *Bayes*, les autres retiennent le nom de Mer, d'autres conservent le nom de Golfes.

La Mer du Nord forme quatre grands Golfes, dont deux sont connus sous le nom de Bayes; celle de Baffin à l'Occident du Groënland ; celle d'Hudson à l'Occident de la nouvelle Bretagne; le Golfe de St.-Laurent à l'embouchure du fleuve du même nom; le Golfe ou Mer du Mexique, entre les États-Unis et la nouvelle Espagne.

La Mer du Nord renferme la Mer du Canada,

La partie de l'Océan méridional qui baigne les côtes du Sud-Ouest de l'Amérique, ne forme aucun grand Golfe : elle comprend la Mer du Brésil et la Mer Magellanique. La Mer du Sud comprend celle de Chili et du Pérou. La Mer Pacifique comprend celle de Californie ou Mer Vermeille, et celle de Jeso; et forme le Golfe de Panama près l'Isthme de même nom.

Le Golfe *Sinus*, est une portion de Mer, qui s'avance et s'arrondit au milieu des terres.

La *Baye* est un diminutif du Golfe, et n'en diffère que parce qu'elle est bien moindre et plus étroite à l'entrée qu'en dedans, et où les vaisseaux peuvent se réfugier et jetter l'ancre; comme la Baye de Douarnenez et celle de Brest dans le département du Finistère; la baye de Bourganeuf, au Nord-Ouest de celui de la Vendée, celle de Tous-les-Saints à l'Orient du Brésil.

Le détroit, *Fretum*, est une portion de mer resserrée entre deux terres, et joignant ensemble deux mers plus considérables.

Ces détroits prennent différens noms, à raison

de leur plus ou moins d'étendue. On les nomment *Bras de Mer*, *Manche* ou *Canal*, quand ils sont un peu alongés ; comme la Manche ou Canal Britannique ; le Canal de Bahama entre l'île de même nom ( une des Lucayes ) et la Floride ; le Canal de St.-Georges à l'entrée de la Mer d'Irlande. On donne encore le nom de Canal à quelques avances qui sont de véritables Golfes, comme le *Canal de Bristol*, à l'embouchure de la Saverne ( rivière d'Angleterre ).

Les détroits se nomment *Pas* quand ils n'ont pas une grande étendue, ni beaucoup de largeur, comme le Pas-de-Calais par lequel la Manche communique, avec la Mer d'Allemagne.

Il y a quelques cantons de la France où les détroits se nomment *Pertuis* et *Frioul*, comme le *Pertuis - Maumusson*, entre l'île d'Oléron et le département dela Charente-Inférieure; celui d'*Antioche* entre cette île et le même département ; le *Pertuis-Breton* entre l'île de Rhé et le département de la Vendée.

Les principaux détroits par lesquels les Mers qui baignent les côtes ou l'intérieur de l'Europe, communiquent les unes avec les autres, sont ceux :

Du Sund, *Cimbrorum fretum*, qui donne entrée à l'Océan dans la Mer Baltique, au Nord du Dannemarck ; de Gibraltar, *Fretum Herculeum vel*

*Guaditanum*; de Gallipoli ou des Dardanelles, *Helles pontus*, qui fait la communication de l'Archipel avec la Mer de Marmara; de Constantinople ou Bosphore de Thrace, *Bosphorus Tracius*, qui joint la Mer de Marmara avec la Mer noire, le détroit de Caffa, ou Bosphore Cimérien, *Bosphorus Cimmerius*, par où la Mer noire communique avec celle d'Asof.

Les principaux détroits que forme l'Océan Indien, sont ceux :

De Babelmandel, à l'entrée de la Mer rouge; d'Ormus par lequel la Mer d'Arabie communique avec le Golfe Persique; de Malaca, entre la presqu'île de ce nom et l'île de Sumatra; de la Sonde, entre celle-ci et l'île de Java.

Les principaux détroits qui font la communication des principales Mers ou Golfes qui baignent les côtes ou l'intérieur de l'Amérique, sont ceux :

De Davis et de Baffin, au Sud-Ouest du Groënland; de Magellan, entre la Terre Malgellanique, et celle de Feu : de le Maire, entre celle-ci et l'île des Etats.

Un *Lac* est une étendue d'eau plus ou moins considérable, réunie au milieu des terres, sans aucun cours et sans aucune issue apparente.

Entre les lacs, les uns n'ont point de communication, au moins sensible avec la Mer, les autres s'y écoulent par des Fleuves ou par des Rivières.

Les Lacs qui ont une étendüe considérable, prennent le nom de Mer, comme la Mer Caspiennes *Mare Caspium*; les autres gardent simplement le nom de Lacs, tels que ceux d'Aral, *Chorasmia Lacus*, dans le Turkestan, à l'Est de la Mer Caspienne; de Geneve, *Lemanus sinus*, etc.

Les *Fleuves* sont des eaux de sources, qui coulent toujours jusqu'à ce qu'elles se déchargent dans la Mer ou dans un Lac.

Les *Rivières* sont également des eaux de sources, qui coulent toujours jusqu'à ce qu'elles se déchargent ou dans des Fleuves, ou dans d'autres Rivières, dans des Lacs, ou dans la Mer.

Il paraît que les anciens ne mettaient aucune différence entre les Fleuves, et les Rivières. Ils nommaient indistinctement *Amnis*, *Fluvius* ou *Flumen* tout ce que nous entendons par le nom de Rivières, c'est-à-dire, les grandes et les petites. Ils ajoutaient quelquefois et indistinctement, ces mots *Amnis*, *Fluvius* et *Flumen* au nom propre des Rivières, d'autres fois ils ne les y ajoutaient pas (1). Ils disaient : le Fleuve du

(1) La Garonne sépare la gaule Aquitanique de la gaule Celtique; et celle-ci est séparée de la Gaule Belgique par la Seine et la Marne : (gallos ab Aquitanis garumna Flumen à Belgis Matrona et Sequana dividit. Cesar de Bello Gallico; liv. Ier. chap. Ier.

Granique, *Granicus Amnis*; le Fleuve du Cidne, *Cydnus; Flumen*; le Fleuve du Véser, *Veseris Fluvius*. Il y a cependant beaucoup de différence entre les uns et les autres; et quoique dans l'usage on confonde ces deux noms, on ne peut se dispenser, en fait de Géographie, de conserver à ces deux noms les idées qu'on y a si sagement attachées.

On doit en général donner le nom de Fleuve à tous les courans d'eau qui conservent leur embouchure, jusqu'à la Mer et qui traversent une grande étendue de pays, comme la Seine, la Loire, le Danube, le Volga, l'Ebre, etc.; et de donner celui de Rivière à tous ceux qui ne portent pas leurs eaux jusqu'à la Mer, ou qui n'ont

---

Les Belges sont voisins des Germains, qui habitent au-delà du Rhin. (Belgæ proximi sunt Germanis qui trans Rhenum incolunt;) idem.

César s'avança lui-même avec six légions vers Clermont en côtoyant l'Allier. (Sex ipse in avernos, ad oppidum Gergoviam secundum flumen eleaver duxit. id. liv. 7, ch. 34).

Annibal ayant été rappellé pour défendre Carthage, il marcha contre le fils de ce même Scipion qu'il avait, défait en trois différentes rencontres sur les bords du Rhône, auprès du Pô, et sur les rives de la Trébie (Hic.., Patriam defensum revocatus, bellum gessit adversùs P. Scipionis Filium, quem ipse primùm apud Rhodanum, iterum apud Padum, tertiò apud Trebiam fugaverat. Cornelius Nepos in Annibale.)

L'armée de Darius et celle d'Alexandre en vinrent aux mains sur les bords du Granique. (Qui... ad Granicum Amnem... conflixerunt.) Quinte-Curce, liv. 2, ch. 4.

Le pays que nous habitons, disent les ambassadeurs des Scythes, à Alexandre, est situé au-delà du Tanais, et s'étend jusqu'à la Thrace, (ultrà Tanaim usque ad Thraciam incolimus. id. liv. 7, ch. 8.

pas un cours considérable, comme le Drac, la Corrèze, l'Eure, le Loir, etc. La longueur du cours, la largeur du lit est en général ce qui les distingue les uns des autres.

Le cours des Fleuves et des Rivières est d'un si grand usage dans l'étude de la Géographie, qu'on ne peut trop s'appliquer à saisir tout ce qui y a rapport. Au milieu des Révolutions éternelles qui boulversent les Empires, qui mettent une Nation à la place d'une autre, qui étendent ou resserrent les limites des Etats, rien n'est plus propre à faire connaître la partie d'une région que telle et telle Nation a occupée, à une époque donnée, que les Fleuves. En en suivant le cours on trouvera les Bataves vers les embouchures des différentes branches du Rhin ; les Angles et les Saxons à l'embouchure de l'Elbe ; les Bourguigons vers celle de l'Oder ; les Gaulois Cisalpins des deux côtés du Pô ; les Celtiberiens des deux côtés de l'Ebre, etc, etc.

---

De-là Alexandre s'avance vers l'Acésine, ( inde Alexander ad Amnem Acesinam pergit. ) id liv. 12, ch. 9.

On fit Titus Quintius dictateur pour aller combattre les Gaulois qui étaient passé en Italie : ils avaient campé à quatre mille de Rome, au-delà de l'Anio. ( Titus Quintius dictator adversus Gallos, qui in Italiam venerant, missus est. Hi ab urbe quarto milliario, trans Annienem fluvium consederant, ) Eutrope. liv. 2.

Publius Decius Mus ayant été fait consul avec Manlius Torquatus pendant la guerre des Latins, il alla camper avec son collègue auprès du Véser. ( Publius Decius Mus... consul bello Latino, cóllegâ Manlio Torquato, positis apud Veserim fluvium Castris. Le même ).

Il est impossible, si l'on ne connaît pas le cours d'une infinité de Fleuves et de Rivières, de saisir le fil des événemens qui marquent davantage dans l'histoire, tant ancienne que moderne.

En tems de guerre presque toutes les actions décisives se donnent sur le bord des Fleuves ou des Rivières. L'armée de Darius une fois battue sur les bords du Granique, ne pût plus tenir contre celle d'Alexandre. Annibal, après avoir battu Scipion sur les bords du Rhône, auprès du Pô et sur les rives de la Trébie, ne rencontrant plus aucun obstacle qui pût retarder sa marche triomphante, eut bientôt pénétré au cœur de l'Italie. La conquête de l'Italie fut assurée du moment ou l'invincible armée qui en portait le nom, après avoir passé le Var et franchi les Alpes se porta sur les rives du Pô. Le sort de la Belgique et de la Hollande fut décidé, aussitôt que l'armée du Nord, celles des Ardennes et de Sambre-et-Meuse, eurent pénétré au-delà de la Lys, de l'Escaut de la Sambre et de la Meuse. Le passage du Tagliamento et de l'Izonzo, décida la conquête du Frioul, de l'Istrie, etc; et força l'orgueilleuse maison d'Autriche à signer les préliminaires de la paix. Enfin presque toutes les villes les plus considérables sont situées ou sur des Fleuves ou sur des Rivières, un très-grand nombre à leur embouchure. Leur cours étant bien connu, rien de plus facile à saisir que la situation de toutes les villes qui se trouvent sur leurs bords.

Les sources des Fleuves et des Rivières viennent de Fontaines, de Lacs, d'Étangs ou de Marais. Quant aux Fleuves en particulier, la plupart sortent des Montagnes. Le Pô a sa source au Mont-Viso, l'Arno et le Tibre ont leurs sources dans l'Appenin ; le Rhône prend la sienne au Mont-des-Fourches ; la Garonne prend naissance au pied des Pyrénées ; la Loire sort du Mont-Gerbier, etc, etc.

L'*Embouchure* d'un Fleuve est l'endroit où il se perd dans la Mer, dans un Lac ou dans un autre Fleuve; l'embouchure d'une Rivière celui où elle perd son nom, en mêlant ses eaux avec celles d'un Fleuve ou d'un autre Rivière.

On appelle *Bouches*, les embouchures des Fleuves quand ceux-ci arrivent à la Mer par plusieurs chemins. On dit les Bouches du Rhône, du Danube, etc.

Le *Lit* d'un Fleuve ou d'une Rivière, *Alveus*, est l'espace occupé par leurs eaux.

On appelle *Berges* les bords des Fleuves et des Rivières, qui sont un peu élevés

La droite d'un Fleuve ou d'une Rivière est le côté à la droite d'une personne qui, placée au milieu, les voit couler devant soi ; la gauche est le côté opposé

Le lit des Fleuves n'est pas toujours uni. Il en est où il se rencontre des hauteurs, ordinairement formées par des chaînes de roches. Ces inégalités suspendent le cours des eaux, qu'elles amassent en plus grande quantité ; devenues plus rapides et plus élevées par cet accroissement, elles franchissent les obstacles qui les arrêtaient, et se précipitent avec impétuosité. On appelle ces hauteurs *Cataractes.* Il s'en trouve dans le Nil, dans le Danube, dans le Rhin vers sa source et dans beaucoup de Rivières de Suède.

Le Gué, *Vadus*, est l'endroit d'une Rivière qui a si peu de profondeur que l'on peut passer en sûreté.

Outre les Fleuves et les Rivières formées par la nature, il y a encore des courans d'eau que l'on peut ranger dans la classe de celles-ci : ce sont les Canaux.

Un *Canal* est un courant d'eau qui coule dans un lit creusé par l'industrie humaine. Ces sortes de courans servent à dessécher les pays marécageux, ou à établir la communication d'une Rivière avec une autre, comme le Canal de Briarre et celui d'Orléans au moyen desquels la Loire communique avec la Seine : les Canaux servent encore à établir la communication d'une Mer avec une autre, comme le Canal national, par lequel la Méditerranée communique avec l'Océan par la Garonne; ou d'une ville avec un autre, comme le canal de Bruges à Gand; celui de Pékin à Canton : (dans la Chine).

Outre les Golfes et les Bayes, la Mer par les avances qu'elle fait dans les terres, forme encore des *plages*, des *anses*, des *culs-de-sac*, des *ports*, des *rades*, des *havres.*

Les *Plages* sont des surfaces d'eau de médiocre hauteur, étendues sur un terrein uni, où les vaisseaux peuvent arriver à quelques distances des côtes.

Un *Cul-de-sac* est une espèce de petit Golfe, où les vaisseaux sont à l'abri de certains vents.

Le *Port* est une avance dans les terres, ou les vaisseaux abordent en sûreté, peuvent faire leur décharge, leur rechargement, et éviter les tempêtes.

La *Rade* est un port naturel, qui n'est pas fermé, et où les vaisseaux sont cependant à l'abri des coups de vents.

Les rades diffèrent des ports proprement dits, en ce que celles-là ne peuvent pour la plupart recevoir que des vaisseaux de moyenne grandeur, et que ceux-ci peuvent en recevoir de toutes espèces, même des vaisseaux de ligne.

*Havre* signifie *port* ou *embouchure de rivière.*

L'hydrographie admet encore beaucoup d'autres termes qui lui sont propres: nous les négligeons parce que nous ne l'envisageons que sous les rapports qu'elle a avec la Géographie proprement dite.

## ARTICLE III.

### *Des différentes espèces de Gouvernemens.*

Quelque soit la forme d'un gouvernement, l'objet

principal de celui-ci doit être la félicité publique et le bonheur commun. Tout gouvernement qui ne tend pas à produire ce résultat, est un gouvernement illusoire, et on ne devrait jamais lui donner le nom de gouvernement.

Lorsque dans un Etat il n'y a que les gouvernans ou ceux qui les approchent qui jouissent des avantages qui devraient être communs à tous les individus dont il se compose, il n'y a point, à proprement parler, de corps politique. La classe dominante, avec ses prérogatives et ses privilèges exclusifs, retient toujours le reste de la nation dans une servitude réelle, et l'existence politique de celle-ci est absolument nulle. Les charges de l'Etat, dans ces sortes de gouvernemens, ne pèsent que sur la classe indigente et laborieuse, tandis qu'elles ne peuvent jamais atteindre les classes privilégiées.

Telle est la forme de gouvernement aujourd'hui en usage dans les différens Etats de l'Europe, et dans les autres parties de l'un et de l'autre des Continens. Dans la plupart les peuples ne sont que des instrumens passifs dans la main du despotisme. Sans action, sans énergie, ils languissent dans un état de stupeur et d'inertie absolu et n'ont d'activité que celle qui leur devient indispensable pour pourvoir à leurs premiers besoins, et pour satisfaire l'ambition désordonnée, et l'insatiable cupidité des gouvernans et de leurs subalternes. Ces sortes d'abus, plus révoltans les uns que les autres, il n'y a que les Etats où le peuple après avoir ressaisi ses droits, les exerce par lui-même, où ils n'existent point.

On peut en général réduire les différentes espèces de gouvernement à deux, le gouvernement monarchique et le gouvernement républicain.

Le gouvernement monarchique est celui où l'autorité est concentrée dans les mains d'un seul : le gouvernement républicain celui où elle est répartie entre plusieurs. Ce qui distingue donc, à proprement parler, la République de la Monarchie, c'est sur-tout que l'une annonce un Etat gouverné par plusieurs, l'autre un Etat gouverné par un seul.

Il y a deux sortes de monarchies : la *monarchié absolue*, et la *monarchie tempérée.*

La première est le déspotisme d'un seul qui ne connaît et ne suit d'autre régle d'administration que sa volonté et ses caprices.

La monarchie tempérée est une forme de gouvernement, où celui qui en tient les rênes, est censé être subordonné aux lois établies. Cette forme de gouvernement peut avoir ses avantages ; mais elle dégénère presque toujours en despotisme; car la monarchie absolue et la monarchie tempérée ne diffèrent guères que de nom. L'une n'est pas plus favorable à la liberté des peuples que l'autre.

Entre tous ces despotes, les uns prennent le titre

de roi, les autres celui d'empereur. On donne encore aux uns et aux autres les dénominations fastueuses de *toujours auguste*, de *sacrée majesté*, comme en Allemagne; de *grand-seigneur*, comme en Turquie; de *majesté catholique* comme en Espagne, Les rois de Francę avaient le titre de *fils aînés de l'église*, de *rois très-chrétiens.* Dieu seul sait jusqu'à quel point ces dénominations leur convenaient.

Les monarques ou despotes absolus ont droit de vie et de mort sur ce qu'ils appellent leurs sujets c'est uniquement ce qui les distingue des autres.

Il y a deux sortes de gouvernement républicain; l'aristocratique et le démocratique, de-là la distinctions des républiques en républiques aristocratique et démocratique. Les premières sont celles qui sont régies par un certain nombre de nobles choisis ou qui possèdent l'autorité à titre d'hérédité, ou qui sont gouvernées par quelqu'autre caste privilégiée et opulente.

Le mot de République qui dans son acception naturelle, signifie la chose publique *res publica*, l'intérêt général, ne devrait jamais s'appliquer à cette forme de gouvernement, car l'intérêt des gouvernans ne se confond jamais, dans les Républiques aristocratiques, avec celui des gouvernés.

Les Républiques démocratiques sont celles où tous les pouvoirs émanent du peuple, et dans lesquelles il les exerce ou par lui-même ou par ses représentans. Cette

Cette première forme de gouvernement a été en usage dans quelques Républiques anciennes où chaque individu faisait à la fois la fonction de législateur, d'administrateur et de juge; mais il est facile de concevoir que cette forme de gouvernement ne convenait qu'à des peuples peu nombreux, dont le territoire n'avait pas une grande étendue, et ne consistait souvent que dans une seule ville : telles étaient la plupart des Républiques de la Grèce.

Cette forme de gouvernement serait impraticable pour un peuple nombreux qui occupe un territoire d'une grande étendue. Une nation qui embrasse les formes républicaines, doit donc, si elle est nombreuse, et si elle possède conséquemment un territoire étendu, adopter une autre forme de gouvernement démocratique, et la démocratie qui lui convient le mieux est la démocratie représentative, ou le gouvernement républicain par représentation. Le pouvoir y réside toujours dans le peuple : s'il sort de ses mains pour un tems, il y rentre sans cesse au moyen des élections, pour qu'il en dispose de nouveau en faveur de qui bon lui semble : ainsi le peuple reste toujours souverain, lors même qu'il semble se dépouiller de l'autorité. Le tems que la loi a fixé à chaque mandataire pour exercer en son nom l'autorité souveraine étant expiré, il la ressaisit toute entière, pour ne la confier de nouveau qu'à ceux qu'il estime les plus dignes de sa confiance.

Voilà le véritable gouvernement républicain, c'est celui des républiques Française, Batave, Cisalpine, Ligurienne, etc.

Il y a des Etats où le gouvernement est mixte, c'est-à-dire, que c'est un composé bisarre de monarchie, d'aristocratie et de démocratie. Le gouvernement de l'Angleterre est tout-à-la-fois monarchique aristocratique et démocratique : mais si l'on veut y faire attention, il sera facile de remarquer que cette dernière dénomination ne lui convient nullement. La prétendue démocratie du gouvernement Anglais n'est qu'une chimère : témoin le peu d'influence que le peuple a dans le gouvernement de l'Etat : témoin la tyrannie royale, aristocratique et ministérielle qui pèse si violemment sur la nation.

Le gouvernement de la Pologne était aristocratique et monarchique, et la Pologne ne subsiste plus.

Le gouvernement de la France a été pendant des siécles monarchique et aristocratique. Les pages ensanglantées de l'histoire attestent les maux dont il a été la source malheureusement trop féconde.

On distingue encore deux sortes de gouvernemens (si pourtant on ose leur donner ce nom) ; savoir, la théocratie et l'oligarchie.

La théocratie est le gouvernement des pontifes de la religion : c'était celui des Druides, qui gouvernerent pendant des siécles avec une autorité absolue.

Les Celtes, et notamment les Gaulois et les Germains parmi lesquels ils étaient tout-puissans: c'était celui des Hiérophantes de l'Egypte, des Mages de la Perse: ça été pendant un tems celui des grands Lamas du Libet: c'était celui de Moyse.

L'oligarchie est le despotisme de plusieurs. Il n'y a qu'un pas à faire pour parvenir de l'oligarchie à l'anarchie: celle-ci est le despotisme de tous, le comble de tous les maux, l'anéantissement de tous les gouvernemens, de l'ordre social: c'est le despotisme, le règne des bandits, des scélérats, des fripons, etc.

On se sert quelquefois du mot d'*Etats*, non-seulement pour exprimer l'étendue de la domination d'un royaume, mais encore de toutes les autres souverainetés, quelque soit la forme de leur gouvernement. On dit: les Etats du roi de Dannemark; les Etats du roi de Maroc; les Etats-Unis d'Amérique; on disait: les Etats de la république de Vénise.

On donne généralement le nom de Puissance à toute domination; à toute souverainetés, soit qu'on les désigne sous le nom d'Empire, de Royaume ou de République.

Les pays qui dépendent des différens Etats, se divisent de différentes manières. Ils sont répartis dans les uns en provinces, comme à la la Chine; ils le sont dans les autres en gouvernemens, comme en Russie; dans d'autres en comtés, comme en Angleterre, etc. etc.

On donne le nom de frontières à toutes les extrémités des Etats: celui de limites à toutes les extrémités des Provinces, des Départemens, des Cantons, etc., contenus dans ces Etats.

## *Du Régime ou Gouvernement féodal.*

Clovis, après avoir chassé les Romains de la Gaule, en distribua la plus grande partie aux militaires qui s'étaient attachés à lui pour le servir dans ses conquêtes, et l'on donna dans la suite le nom de *fiefs* aux différentes portions qui revinrent à chacun d'eux. L'égalité la plus parfaite avait jusqu'ici régné entre tous les Francs; mais les guerriers une fois en possession des différentes portions du territoire qui leur étaient échues en partage, et ne rencontrant plus rien qui pût mettre un frein à leur ambition, pas même l'autorité royale, ils formèrent bientôt au milieu de l'Etat un corps distingué, et la nation se trouva tout-à-coup partagée en deux classes, dont l'une eut tous les privilèges, et l'autre supporta toutes les charges de l'Etat; car les possesseurs des fiefs, exempt de tout tribut, ne devaient que le service militaire. Leur autorité alla toujours croissant, mais ce qui la porta à son dernier terme, ce fut l'état de faiblesse où tombèrent les maisons de Clovis et de Charlemagne, la première vers le milieu du huitième siécle, la dernière sur la fin du dixième. Les grands devenus tout-puissans se virent bientôt en état de maîtriser la nation et les rois eux-mêmes. Charles-le-Chauve (1), avant la destruction totale de la maison de Charlemagne, par les prérogatives qu'il accorda à la noblesse devenue trop puissante, porta le mal au comble. Les fiefs avant lui étaient amovibles, il les rendit héréditaires, mais pour son propre intérêt, car ayant voulu établir le droit d'aînesse pour la succession des rois fançais à la couronne, il accorda le même privilège aux possesseurs des fiefs, qui firent à l'exemple du monarque, une propriété absolue des terres qu'ils possédaient à vie; et la même loi qui fit un héritage du trône, imprima le même caractère à toutes leurs possessions.

Telle est l'origine de la puissance féodale, qui pesa pendant tant de siécles et d'une manière si cruelle sur la plus grande partie des citoyens. Charles-le-Chauve fit, en rendant cette loi impolitique, une faute capitale, car les grands étant devenus tout-puissants, et ne rencontrant plus rien qui put contre-balancer leur autorite, ni mettre un frein à leur ambition, eurent bientôt asservi tout ce qui les entourait, et reduit les peuples dans l'esclavage, et les descendans des Francs devinrent *serfs*, et furent flétris du nom de *vassaux*. Chacun de ces magnats établit dans le canton dont il était en possession tel régime que lui suggérèrent son ambition,

(1) Il parvint à la couronne l'an 840, et mourut en 877.

sa cupidité ou ses caprices. De-là ces loix, ces usages et ces coutumes bisarres, qui étaient encore dans toute leur vigueur au moment de la révolution.

*Un mot sur la Chronologie.*

La chronologie est la science des tems et des époques. Elle forme la chaîne générale des événemens que l'histoire reproduit, pour ainsi dire, dans l'ordre des tems où ils sont arrivés.

Le tems se partage en jours, en semaines, en décades en années, en siécles. Une semaine comprend sept jours une décade en comprend dix, cent années forment un siécle (1).

Le mot *Epoque* vient du grec, et signifie *s'arrêter* parce qu'on s'arrête là pour considérer tout ce qui est arrivé avant et après,

Les époques sont dans l'ordre des siécles un certain tems marqué par quelque grand événement auquel on en rapporte d'autres qui n'en sont pas éloignés.

*Ere* signifie un dénombrement d'années commencé à un certain point que quelque grand événement fait remarquer. Ere est donc à-peu-près la même chose qu'époque; car elle est aussi un point fixe d'où l'on

---

(1) Voyez ce que nous avons dit des mois et des jours, en parlant du mouvement des astres.

commence à compter les années : mais la différence qu'il y a, c'est que les époques sont des points fixes déterminés par les chronologistes : et que les eres sont des points fixes déterminés par les nations.

Les époques servent à déterminer la durée des empires, des royaumes, des républiques, le tems où ils ont commencé, les révolutions qui les ont fait disparaître.

L'ere vulgaire commence à l'an 4000 du monde.

---

# CHAPITRE III.

*Il comprend la description de l'ancienne Gaule, un précis rapide de l'histoire des Gaules et des Francs et de l'établissement de ceux-ci dans les Gaules.*

## ARTICLE I.

### *De la Gaule.*

LA Gaule, attendu l'assiette de ces différentes parties, se divisait en deux, dont l'une, qui était en-deça des Alpes par rapport à Rome, se nommait la *Gaule Cisalpine*, et l'autre, qui était au-delà de ces Montagnes se nommait la *Gaule Transalpine.*

La Gaule Cisalpine comprenait ce qu'on appella depuis la Lombardie; et s'étendait depuis les Alpes jusqu'au Rubicon (1). Ce grand pays, qui occupe la partie Septentrionale de l'Italie à la droite et à la gauche du Pô, fut conquis par des colonies de Gaulois sortis de la véritable Gaule, sous la conduite de

(1) Le Rubicon prend sa source sur les confins de la Toscane, traverse la partie septentrionale de ce qu'on appelait l'État de l'Eglise, puis se perd dans la Mer adriatique entre Ravenne et Rimini.

Bellovesse, du tems que Tarquin l'ancien régnait à Rome, l'an 163 de la fondation de cette ville, 591 ans avant le commencement de l'Ere vulgaire.

La Gaule Transalpine comprenait toute cette étendue de Terre qui est renfermée entre les Alpes, le Rhin, l'Océan, les Pyrénées et la Méditéranée.

Lorsque César entra dans la Gaule (Transalpine) elle comprenait trois sortes de peuples, tous différens de mœurs, de langages, de coutumes et d'usages : savoir, les *Belges*, *les Celtes* qui étaient les véritables Gaulois, et les *Aquitains* ; ce qui fut cause qu'il la divisa en trois parties, après qu'il en eut achevé la conquête.

Les Belges occupaient la partie séptentrionale ; les Celtes celle du centre (1) ; les Aquitains celle du Sud et du Sud-Ouest.

La Belgique s'étendait du Midi au Nord depuis la Seine et la Marne (2) jusqu'au Rhin ; et de l'Est à l'Ouest depuis le même Fleuve jusqu'à l'Océan Britannique et jusqu'à l'Océan Germanique.

---

(1) En prenant cette partie de la Gaule dans sa totalité, de l'Est à l'Ouest.

(2) Il faut remarquer que ce n'était presque point l'une et l'autre rivière qui faisait cette séparation, mais une certaine ligne qui approchait toujours de ces rivières, qui était tantôt en-deçà, tantôt au-delà, et qui pouvait quelquefois se trouver sur l'une ou sur l'autre. Cette observation a lieu non-seulement pour ce qui regarde les limites de la Belgique, mais

La Gaule Celtique commençait à la frontière de la Belgique ; et s'étendait jusqu'à la Méditerranée et jusques à la Garonne ; elle était bornée à l'Est par les Alpes, et par l'Océan au Couchant.

La Gaule Aquitanique était bornée au Nord par la Garonne ; au Midi par les Pyrénées ; à l'Orient par la Méditéranée ; à l'Occident par l'Océan.

Du tems de César la Gaule se divisait encore d'une autre manière. On la partageait en deux parties. C'elle qui était la plus proche de l'Italie se nommait *Provincia* ou *Povincia Romanorum.* Elle comprenait la Savoye, le Dauphiné, la Provence, et le Languedoc. On la nommait encore *Provincia Ulterior*, pour la distinguer de cette partie de la Gaule qui était située en-deça des Alpes par rapport à Rome ; et l'on appellait celle-ci *Gallia Citerior.* César appelle l'une et l'autre *Provinciœ*, parcequ'elles avaient été réduites en provinces Romaines avant qu'il vint dans les Gaules. L'autre partie de la Gaule Transalpine se

---

encore pour plusieurs autres parties. Ainsi quand César dit que la Garonne sépare les Celtes des Aquitains, il ne faut pas prendre ce qu'il dit à la lettre ; car les Celtes pouvaient posseder quelque chose au-delà et les Aquitains avaient quelque chose en-deçà de ce Fleuve. De même l'orsqu'on verra ci-après que nous donnons pour bornes à la ( Maxima Sequanorum ) la Saône à l'Ouest, et le Rhône au Midi, nous ne voulons pas dire que cette Rivière et ce Fleuve lui servissent exactement de bornes de ces deux côtés, mais seulement que les limites de cette Province n'étaient pas éloignées de l'un et l'autre de ces Fleuves.

nommait simplement la Gaule ; et c'est celle qu'il dompta et qu'il soumit à l'Empire Romain.

Les auteurs qui ont écrit peu après César, ayant égard à la diversité des habits des Gaulois, et à la manière dont ils portaient leurs cheveux, divisaient la Gaule Cisalpine et la Gaule Transalpine en trois parties. Ils appellaient celle qui était du côté de l'Italie, *Gallia Togata*, parce que les Gaulois qui vinrent s'y établir, prirent, comme les Romains, la Robe longue, *Togam Romanam*.

La partie de la Gaule Transalpine qui était entre l'Italie et l'Espagne vers la Méditérané, s'appellait *Gallia Braccata* à cause d'une certaine robe ou tunique, dont les peuples qui l'habitaient se servaient, et sur laquelle ils mettaient encore *sagum*, *une saye*, qui était une espèce de manteau. Cette partie de la Gaule s'étendait depuis le Lac de Geneve jusqu'à la Méditerranée.

On nommait *Gallia Comata*, *Gaule chevelue* tout le reste de la Gaule, à cause de la grande chevelure que ses habitàns portaient.

Ces différentes manières de diviser la Gaule eurent lieu jusqu'au tems d'Auguste ; mais cet ordre fut entièrement renversé sous cet Empereur, pour ce qui regarde la Gaule Transalpine, elle fut divisée en quatre parties. La première s'appellait *Gallia Belgica* ; la seconde *Gallia Celtica* ; (on la nommait encore *Lugdunensis*). la troisième s'appelait *Aquitanica*, et la quatrième *Narbonensis.*

La Gaule Narbonnoise fut formée de la partie du Sud-Est de la Gaule Celtique. Elle s'étendait à la droite et à la gauche du Rhône, et renfermait la Savoye, le Dauphiné, la Provence et les Cèvennes.

Enfin sous divers Empereurs la Gaule Transalpine fut repartie en dix-sept provinces : savoir, 1°. deux Belgiques; 2°. deux Germanies; 3°. cinq Lyonnoises, en y comprenant la Maxima Sequanorum; 4°. trois Aquitaines; 5°. une Viennoise; 6°. deux Narbonnoises; 7°. la province des Alpes-Maritimes; 8°. celle des Alpes-Grecques.

Les deux Belgiques, dont l'une se nommait Belgique première, et l'autre Belgique seconde, et les Germanies dont l'une s'appelait Germanie supérieure et l'autre Germanie inférieure, occupaient la Belgique proprement dite et telle qu'elle était répartie du tems de César. Les deux Germanies furent nommées ainsi parce que des peuples Germains étaient venu s'y habituer depuis long-tems.

La Germanie supérieure, dont Mayence sur le Rhin était la Métropole, s'étendait le long de ce Fleuve. Elle avait au couchant la Belgique première, dont Treves sur la Moselle était la Métropole.

La Belgique seconde qui avait pour Métropole Rheims sur la Vesle, était située à l'Occident. Elle avait au Nord-Est la Germanie inférieure. Cologne sur le Rhin était la Métropole de celle-ci.

La premiere Lyonnaise comprenait tout le pays situé à la droite de la Saône. Elle s'étendait de l'Est à l'Ouest depuis cette rivière jusqu'à l'Allier. Elle était bornée au Nord par la quatrième Lyonnaise et par la Belgique seconde ; au Midi par la Narbonnoise première. Lyon sur le Rhône en était la Métropole.

La seconde Lyonnaise qui avait pour Métropole Rouen sur la Seine, était située à la droite et à la gauche de ce fleuve. Elle avait à l'Occident et au Nord l'Océan Britannique ; au Nord-Est la Belgique seconde ; au Sud-Est la quatrième Lyonnaise ; au Midi la troisième Lyonnaise.

Celle-ci, dont Tours sur la Loire était la Métropole était comprise entre ce Fleuve, la seconde Lyonnaise et l'Océan.

La Seine traversait, presque par le milieu, la quatrième Lyonnaise, dont Sens sur l'Yonne était la Métropole. La seconde Belgique la bornait au Nord et au Nord-Est ; la première Lyonnaise au Sud-Est ; elle était bornée au Midi par la même province et par la première Aquitaine ; à l'Ouest par la seconde et la troisième Lyonnaise.

La cinquième Lyonnaise, autrement la *Maxima Sequanorum*, était située entre la Saône qui lui servait de limites au Couchant, le Mont Adule et le Rhin qui la bornaient à l'Est, et le Rhône qu'elle avait au Midi. Elle était bornée au Nord par la Belgique première, par la Germanie superieure et par une partie de la Germanie proprement dite. Besançon sur le Doubs, en était la Métropole.

La première Aquitaine qui avait pour Métropole Bourges sur l'Evre, s'étendait du Midi au Nord le long des Cévennes, de l'Allier et de la Loire qui la bornaient à l'Orient: elle avait au Nord la quatrième Lyonnaise; au Midi la Narbonnoise première; au Midi la seconde Aquitaine.

Celle-ci, dont Bordeaux sur la Gironde était la Métropole, était comprise entre la Garonne, la Loire et l'Océan.

La troisième Aquitaine qu'on nommait encore la *Novem populanie*, à cause des neuf peuples qu'elle renfermait, était comprise entre la Garonne les Pyrénées et l'Océan. Elle eut d'abord pour Métropole Eause sur la Gélise et ensuite Auch sur le Gers.

La Viennoise et les deux Narbonnoises étaient situées à la droite et à la gauche du Rhône. La première avait au Nord la *Maxima Sequanorum*, dont elle était séparée par ce Fleuve; à l'Orient la province des Alpes-Maritimes, celle des Alpes-Grecques et la seconde Narbonnoise; au Midi la première Narbonnoise.

Celle-ci était bornée au Midi par les Pyrénées et le

Golfe de Lyon ; à l'Orient par la seconde Narbonnoise ; au Nord par la Viennoise ; au Nord-Ouest par la première Aquitaine, et à l'Ouest par la Novem-Populanie.

La seconde Narbonnoise était entourée de la Méditérranée, de la province des Alpes-Maritimes, de la Viennoise et de la première Narbonnoise.

Vienne sur le Rhône était la Métropole de la Viennoise : Narbonne sur l'Aude l'était de la Narbonnoise première : Aix sur l'Arc l'était de la Narbonnoise seconde.

La province des Alpes-Maritimes et celle des Alpes-Grecques étaient situées au pied des Alpes. Embrun sur la Durance était la Métropole de la première ; Tarentaise (aujourdhui Monstiers) l'était de la seconde. Monstiers est situé sur l'Isère.

## ARTICLE II.

### *Précis rapide de l'Histoire des Gaulois.*

Toute la Gaule Transalpine était, comme nous l'avons dit, partagée entre les Belges les Celtes et les Aquitains. Chacun de ces peuples se subdivisait en un grand nombre d'autres qui formaient de petits Etats séparés dont les uns avaient des rois, et les autres se gouvernaient en forme de Républiques et avaient chacun leur sénat.

Les rois des Gaulois n'étaient que des chefs belliqueux qui n'avaient d'influence qu'à la tête des troupes et non dans le Gouvernement. Une assemblée nationale formait la souveraineté, et c'était la volonté de tous qui décidait.

Dans les dangers communs, lorsque la Liberté et la Patrie étaient menacés, chaque Etat fournissait son contingent en hommes, en argent, en bled, en ustenciles de guerre. On donnait le commandement de toutes ces forces réunies à celui qui passait pour le plus vaillant et pour le mieux instruit dans l'art de la guerre.

Dans tous les Etats de la Gaule, et même dans toutes les Cités (1), les pays et les villes, il y avait toujours deux factions dont les Chefs étaient maîtres des conseils et de toutes les résolutions qui s'y prenaient, et l'on choisissait toujours pour cet effet les plus illustres et ceux qui avaient le plus d'autorité.

---

( Les Cités étaient distingués des Villes ; et le mot latin ( Civitas ) signifiait, du tems de César, toute autre chose que ( Urbs ou Oppidum).

Le mot (civitas, cité), était employé pour faire connaître l'étendue ou jurisdiction d'un peuple entier, ou, pour mieux dire, le peuple même Ce ne fut que sur le déclin de l'Empire qu'on donna indifféremment aux Villes, les noms de ( Civitas, Urbs ou Oppidum. )

Chaque Cité se subdivisait en plusieurs pays ( Pagi ), qui étaient les premières et les plus grandes parties des Cités ; et sous chacune de ces parties étaient comprises divers habitations ou Communes. Ainsi une Cité pouvait renfermer, et renfermait effectivement plusieurs pays et plusieurs Villes.

Les

Les Gaulois avaient inventé ce moyen pour défendre les petits contre l'oppression des grands ; car chacun était obligé de protéger ceux de son parti, sans quoi il aurait perdu son autorité.

Dans les Républiques bien policées, chacun était obligé de rendre compte au Magistrat de ce qu'il avait appris qui concernait l'intérêt général et public, sans le communiquer à d'autres ; car il était défendu de s'entretenir des affaires d'État, ni d'en parler que dans le Conseil, et le Magistrat n'en découvrait au peuple que ce qui lui plaisait, parce que les Gaulois avaient accoutumé de prendre l'épouvante sur de faux bruits, et de se porter à des résolutions hardies et précipitées dans des choses de grande importance.

Il y avait deux sortes de conditions dans les Gaules, qui étaient en grande considération : celle des prêtres et celle de la noblesse. Pour le peuple, il était comme esclave, et n'avait aucune autorité dans l'État.

Les Druides, (c'était le nom qu'on donnait aux prêtres des Gaulois), avaient l'intendance du culte des Dieux et de la Religion avec la direction des affaires tant publiques que particulières. Ils décidaient tous les différens qui s'élevaient entre les Citoyens : ils jugeaient les procès, connaissaient de tous les crimes et de toutes les affaires civiles et religieuses, ordonnaient les récompenses et les peines. Toute espèce de pouvoir étant ainsi concentrée entre leurs mains, ils étaient maîtres des esprits, et ils asservissaient conséquemment la Nation, avec un empire d'autant plus absolu qu'elle n'en sentait ni la force ni l'étendue.

Tous les jugemens que les Druides rendaient étaient sans appel, et leurs sentences, ainsi que leurs opinions étaient regardées comme le jugement de Dieu; et s'il se trouvait quelque mortel assez téméraire et assez audacieux pour oser contester leurs décisions, il était mis au rang des impies et séparé de la communion druitiste. Ceux qui étaient frappés de cet anathême passaient, pour des scélérats et pour des impies: chacun fuyait leur rencontre et leur entretien: S'ils avaient quelques affaires, on ne leur faisait point justice: ils n'étaient point admis aux charges et aux dignités, et quand ils mouraient on ne leur rendait point les derniers devoirs.

Quand à la noblesse, elle n'avait point d'autre exercice que celui de la guerre. On jugeait du crédit d'un homme et de sa condition par sa suite; car les nobles n'avaient point d'autre marque de grandeur.

Les Gaulois adoraient *Mercure* sous le nom de *Teutatès*, Mars sous celui d'*Hesus*, *Jupiter* sous celui de *Tanarez*. Ils étaient fort superstitieux. Dans les grands dangers, soit de guerre, soit de maladie, ils sacrifiaient des victimes humaines, ou faisaient vœu d'en sacrifier, ce qui s'exécutait toujours par l'entremise des Druides, qui les entretenaient dans cette superstition abominable, dans ce culte exécrable.

Les mariages, chez les Gaulois, se ressentaient un peu moins de la barbarie des tems. On était obligé, en se mariant, de faire entrer dans la communauté autant de bien ou d'argent qu'on en recevait de sa femme, et le tout restait au survivant, avec le fruit qui en provenait. Cette coutûme était sage; mais il se mêlait encore quelque chose dans les mariages qui se ressentait toujours de la barbarie de nos sauvages ayeux; car ils avaient droit de vie et de mort sur leurs femmes et leurs enfans. Ceux-ci ne paraissaient point en public devant leurs pères, qu'ils ne fussent en état de porter les armes.

Les funérailles étaient magnifiques, et se faisaient avec beaucoup d'appareil. On brûlait avec le corps du défunt ce qu'il avait eu de plus cher, jusqu'aux animaux, et dans les premiers tems les esclaves même et les affranchis.

Tous les peuples de la Gaule étaient en général braves, courageux et vaillans: il n'y avait point d'efforts ni de sacrifices qu'ils ne fissent, ni de dangers auxquels ils ne s'exposassent, quand la liberté était menacée, ou que la patrie était en danger. Mais les plus aguerris de tous ces peuples étaient les Belges et les Helvétiens. Comme ils étaient continuellement en guerre avec les Germains, leurs voisins, qui étaient comme eux des peuples inquiets et remuants, ils apprirent les premiers les régles de l'art militaire. Quant aux Celtes et aux Aquitains, comme ils n'avaient dans leur voisinage aucune nation qui fût en état, ou qui entreprit de troubler leur répos, ils jouissaient d'une paix constante ( quand ils ne se battaient pas entr'eux ), et ils n'éprouvèrent que fort tard les malheurs de la guerre.

Tel fut à-peu-près l'Etat de la Gaule dans les tems les plus réculés. Mais dans la suite, soit que les Gaulois se fussent trop multipliés pour que le pays qu'ils habitaient, pût fournir à leurs besoins ( 1 ), soit qu'ils eussent formé le projet de s'agrandir et de faire parler d'eux, ils envoyèrent des colonies dans divers contrées et portèrent la guerre chez leurs voisins, et chez d'autres nations très-éloignées.

Pendant que Bellovesse était occupé à faire la conquête de cette partie de l'Italie où il établit une colonie de Gaulois, son frère Ségovesse conduisit bie avant dans la Germanie un autre essain de la nation.

---

( 1 ) La Gaule était certainement assez étendue, et le sol en était naturellement assez fertile pour fournir en abondance à ses habitans tout ce qui était nécessaire pour les besoins de la vie ; mais les Gaulois ne s'occupaient guères de l'agriculture. La plus grande partie des terres était en friche, et plusieurs contrées considérables n'offraient que de vastes forêts, ou des déserts affreux.

Quelque tems après les Gaulois devinrent la terreur des Romains, et firent trembler toute la Grèce. L'an de Rome 363, les Gaulois Sénonois, conduits par leur roi Brennus, assiégèrent et prirent Clusium qui était la capitale de l'Etrurie (1). L'année suivante les Romains perdirent contr'eux la fameuse bataille de l'Allia (2). Leur ville fut brulée. Les Gaulois en demeurerent maîtres pendant sept mois, et appelés ailleurs par d'autres affaires, ils se retirèrent chargés de butin. Cent douze ans après ils passèrent dans l'Asie mineure, et s'établirent dans la Gallo-Grèce ou Galatie, nommée ainsi de leur nom, d'où ils se jettèrent dans la Macédoine qu'ils ravagèrent; mais leur armée périt dans l'entreprise sacrilège du temple de Delphes.

Cette nation remuait partout, et partout était malheureuse. Quelques années avant l'affaire de Delphes,

(1) Porsenna était roi de Clusium lorsque les Tarquins furent chassées de Rome. Il entreprit avec les autres rois voisins qui regardèrent le banissement des Tarquins comme une injure faite à tous les rois, de les rétablir. Rome fut réduite à la dernière extrémité; mais les Romains, après s'être défait de leurs tyrans, firent des prodiges pour défendre leur liberté. Les rois coalisés, après avoir fait des efforts inutiles et ruiné leurs Etats, laissèrent Rome en paix et les Tarquins demeurèrent sans ressource.

(2). l'Allia prend sa source au Sud-Est de Massena dans la Toscane, traverse une partie du pays appelé naguères l'Etat de l'Eglise, et se perd dans le Tibre, à gauche.

les Gaulois d'Italie, que leurs guerres continuelles et leurs victoires fréquentes rendaient la terreur des Romains, furent excités contr'eux par les Samnites, les Brutiens et les Etruriens. Ils remportèrent d'abord une nouvelle victoire ; mais ils en souillèrent la gloire, en tuant des ambassadeurs. Les Romains indignés marchent contr'eux, les défont, entrent dans leurs terres où ils fondent une colonie, les battent encore deux fois, en assujettissent une partie, et réduisent l'autre à demander la paix.

Les Gaulois, après tant de défaites, restèrent en paix pendant quarante-cinq ans; mais la jeunesse qui s'était elevée pendant ce tems ne pensait plus aux pertes passées. Rome fut menacée de nouveau. Les Gaulois Transalpins se joignirent aux Cisalpins, et déclarèrent la guerre aux Romains. Elle se fit avec fureur de part et d'autre. Les Gaulois furent tous défaits. Concolitanus, un de leurs rois, fut pris dans une bataille: Anerœstus, une autre roi se tua lui-même. Les Romains victorieux passèrent le Pô pour la première fois, résolus d'enlever aux Gaulois les environs de ce Fleuve, dont ils étaient en possession depuis tant de siècles.

Les défaites multipliées des Gaulois les mirent hors d'état de résister aux Romains. L'an de Rome 629, 125 ans avant le commencement de l'ere vulgaire, Sextius attaqua les Gaulois, les battit, et établit dans la ville d'Aix une colonie qui porte encore son nom

Fabius Dompta les Allobroges. (les habitans de la Savoye) et tous les autres peuples voisins; et cette partie de la Gaule qu'on nomma depuis la Gaule Narbonnoise, tomba au pouvoir des Romains.

Enfin soixante-sept ans après, c'est-à-dire, l'an de Rome 696, Jules César passa dans les Gaules, et après dix ans de guerre, en acheva la conquête, et la réduisit toute entière en province Romaine.

Jamais Rome n'avait fait une conquête plus utile; car les Romains n'eurent jamais d'ennemis plus dangereux que les Gaulois. Ils ne manquèrent jamais, toutes les fois que l'occasion s'en présenta, de se joindre à leurs ennemis pour leur faire la guerre. Annibal après qu'il eut formé le projet de la porter en Italie, s'assura avant d'y passer, par des ambassades secrettes, des Gaulois Cisalpins. Aussitôt qu'il eut passé l'Ebre et franchi les Pyrénées, les Gaulois Transalpins se joignirent à lui, fortifièrent son armée, franchirent les Alpes sous sa conduite, et firent un dernier effort pour défendre leur liberté.

Les Gaulois furent, de tous les peuples de l'Europe, les plus difficiles à dompter, et furent ceux qui portèrent le joug de la domination romaine le plus impatiemment, et qui le sécouèrent les premiers.

## ARTICLE III.

### *Précis rapide de l'histoire des Francs et de leur établissement dans les Gaûles.*

Les fers que Rome avait donnés à l'univers allaient se briser : cette terreur qu'elle lui avait inspirée, elle allait l'éprouver à son tour ; et l'empire, ouvert de toutes parts, touchait à son démembrement.

Les Gètes et les autres peuples de la Scythie Européenne, faisaient des incursions continuelles sur les terres de l'Empire. L'armée que l'Empereur Decius conduisit dans la Mœesie pour les repousser (1), vers l'an 252, fut battue et presque entiérement détruite.

Par cette grande défaite toutes les digues de l'Empire furent rompues. Les anciens ennemis du nom Romain se reveillèrent. Les Perses et les Scythes Asiatiques ravagèrent l'Orient. Les provinces Occidentales furent tout-à-coup inondées d'un nombre infini de nations barbares, dont on n'avait point encore entendu parler, et Rome, qui n'avait plus à leur opposer que des armées sans discipline, et désorganisées pour la plupart, n'était plus en état de les arrêter.

Parmi ces barbares nommés Goths (2), Vandales,

(1) La Mœsie s'étendait le long du Danube, à la droite de ce Fleuve depuis le trente-septième dégré de longitude jusqu'au-delà du quarante-quatrième ; sa latitude était depuis le quarante-troisième jusqu'au-delà du quarante-sixième. Elle comprenait ce qu'on appelle aujourd'hui la Bosnie, la Dalmatie, la Servie et la Bulgarie, provinces de la Turquie d'Europe.

(2). Quelques historiens prétendent que les Goths habitaient cette partie de la Suède, nommée (cothie ou gothland), qui en occuppe la partie méridionale, sur le bord de la Mer Baltique ; mais tous les

Gépides, etc, qui ravagèrent en différens tems la Germanie, les Gaules, l'Italie, l'Espagne, la Lusitanie, (le Portugal), on distingue les Francs. Ceux-ci lorsqu'ils commencèrent à se faire connaître (vers le milieu du troisieme siecle), habitaient la partie du Nord-Ouest de la Germanie, et occupaient presque toutes les terres comprises entre le Rhin, l'Elbe, (1) le Mein et l'Océan Germanique.

La nation des Francs était une ligue de peuples Germains confédérés pour former une espèce de République. Ces peuples étaient en grand nombre, tels que Suèves, Cattes, Sicambres, Marses, Usipiens, Saliens, Bructères, Attuariens, Frisons grands

---

auteurs n'en conviennent pas. Quoiqu'il en soit de ces différentes oppinions, au moins est-il sûr que l'on distinguait de deux sortes de goths; les goths Occidentaux qu'on nommait Ostrogoths, et les goths Orientaux, connus anciennement sous le nom de getes. Les goths Orientaux étant sortis de la gothie, (on ne sait pas précisement en quel tems), passèrent le Danube s'emparèrent des terres situées vers l'embouchure de ce Fleuve, près du Pont-Euxin.

Le Danube a sa source dans la Forêt Noire, au cercle de Souabe, arrose de l'Ouest à l'Est la Souabe, la Bavière, l'Autriche, la Hongrie le Nord de la Turquie d'Europe; et va se perdre dans la Mer-Noire par plusieurs embouchures. Il passe à Ulm en Souabe où il commence à être navigable, à Donavert, à Neubourg, à Ingolstat, à Ratisbonne, à Straubing, à Passau dans la Bavière, à Vienne en Autriche, à Belgrade dans la Turquie d'Europe.

(1) L'Elbe prend sa source au Mont des géants sur les confins de la Silésie et de la Bohême qu'il traverse, passe à Dresde dans la Misnie, à Wittemberg dans la Haute-Saxe; à Magdebourg dans la Basse-Saxe, puis se jette dans la Mer d'Allemagne au-dessous de Hambourg.

et petits, Chamaves, Cauces, Ansivariens, Chéruces, etc; mais tous compris sous les noms génériques de Celtes, de Germains et enfin de Francs.

De tous ces peuples il n'y en avait point de plus passionné pour la liberté que les Francs proprement dits (1); aussi se distinguèrent-ils entre tous les autres dès qu'ils furent connus dans la Germanie (2) par les efforts qu'ils firent pour assurer leur indépendance, et pour défendre cette liberté qui leur était si chère.

Il se passa près de deux siècles, depuis qu'ils se furent établis aux environs du Rhin, sans qu'ils pensassent sérieusement à entreprendre la conquête des Gaules. Contens d'y faire des courses toutes les fois que l'occasion s'en présentait favorable, ils repassaient

---

(1) Franc dans la langue Tudesque signifie (Libre).

(2) Quelques historiens prétendent que les Francs n étaient points germains d'origine, et qu'ils habitaient anciennement le pays situé entre le Dnièper et le Don, sur le bord des Palus Méotides Quoiqu'il en soit toujours est-il certain que s ils n'étaient pas germains d'origine, germains Aborigènes, ils en avaient pris l'esprit et le gouvernement, après un long séjour dans ces contrées où ils s'était naturalisés.

Le Dnièper ou Nièper (autrefois le Boristhène) prend sa source dans le gouvernement de Smolensko, (dans la Russie Européenne) passe à Smolensho, à Kion, se jette dans la Mer-Noire près d Oczacon, en traversant la petite Tartarie.

Le Don ou Janaïs, qui sépare l'Europe de l'Asie, prend sa source à vingt lieues Sud de Moscou, près du Lac Jwan, et faisant un grand circuit du Nord au Sud, il va se rendre dans la Mer-d'Asof qui communique avec la Mer-Noire par le détroit de Caffa.

le Rhin, et retournaient dans leur pays chargés de butin.

Les Romains et les Gaulois firent inutilement les plus grands efforts pour mettre les Gaules à l'abri des incursions de ces ennemis remuants et inquiets.

L'an 258, sous Valérien, un gros de Francs traversa la Gaule d'une extrémité à l'autre, passa en Espagne, se fit une place forte de Tarragone (1), d'où il pilla l'Espagne pendant douze ans entiers. Un détachement passa même en Afrique, et tous ces heureux aventuriers, après s'être réunis, traversèrent toute la Gaule impunément et retournèrent chez eux chargés d'un butin immense.

Vers l'an 269, ils repassèrent le Rhin, livrèrent bataille à Aurélien qui en tua trente mille. Appelé ailleurs par d'autres affaires, Aurélien envoya contr'eux son fils Gallien qu'il avait associé à l'Empire. Celui-ci les attaqua dans leur propre pays, les battit plusieurs fois, et leur fit trois cents prisonniers; mais il fut obligé de quitter la Germanie, sans avoir pu venir à bout de les réduire.

Ils furent quelques années sans repasser le Rhin. En 271 un Sénateur de Trèves, dont la femme avait été débauchée par le gouverneur Romain, les ap-

(1) Cette ville est située dans la Catalogne (province d'Espagne) sur la Méditerranée à quinze lieues Nord-Est de l'embouchure du Tibre.

pella: ils prirent cette ville, et furent presque les maîtres dans les Gaules jusqu'en l'an 279, où Probus parvint à les repousser. Il les poursuivit même jusques dans leur pays, les battit en plusieurs rencontres, sans avoir pu néanmoins les dompter.

Toutes ces défaites ne servaient qu'à rendre les Francs plus opiniâtres. Le repos était pour eux un tourment. A peine les avait-on repoussé, qu'on les voyait reparaître tout-à-coup.

Pendant tout le tems qui s'écoula, depuis qu'ils eurent été défaits par Probus, jusqu'à l'époque où ils se fixèrent tout-à-fait dans les Gaules, ils ne discontinuèrent point leurs incursions, et ne cessèrent point de piller toutes les contrées où ils purent pénétrer.

Vers l'an 350, Magnence, Franc d'origine, parvint par son courage à monter sur le trône des Césars, après avoir fait massacrer l'Empereur Constantin II. Ses compatriotes faisaient la plus grande force de ses armées; mais il ne conserva pas long-tems l'autorité suprême qu'il avait usurpée. Vaincu bientôt par Constance, frère de Constantin, il se tua lui-même à Lyon.

Décentius et Désidérius, tous deux frères de Magnence, s'étaient emparé de l'Espagne et d'une partie de la Gaule. Ils ne les gardèrent pas long-tems. Décentius ayant été défait par Constance, s'étrangla pour ne pas tomber entre les mains du vainqueur. Désidérius fit sa paix avec lui.

Sylvanus, autre Franc, poussé à bout par les injustices de Constance qu'il avait très-bien servi, se fit aussi déclarer Empereur, et ne succomba que sous la trahison d'Ursicin, qui abusa, pour l'assassiner, des apparences de l'amitié.

Les Allemands (1) et les Francs eurent du dessous sous Julien, parce que les égalant en valeur, il les surpassait en prudence et capacité : les mêmes talens, quoique soutenus de moins d'héroïsme, donnèrent encore un avantage décidé sur ces nations à Valentinien qui eut l'art de les désunir et qui eut quelques avantages sur elles au commencement de son règne,

Il y avait beaucoup de Francs dans l'armée de Théodose lorsqu'il attaqua et défit (an 388) le tyran Maxime, qui, après s'être rendu maître de Rome, s'était emparé de la plus grande partie des provinces de l'Empire d'Occident.

Après la défaite de Maxime, Théodose maître des deux Empires, rendit celui d'Occident à Valentinien,

(1) Les Allemands habitaient la partie de la Germanie située entre le Mein et le Danube, vers la source de ce dernier fleuve. (Ce pays comprend la partie septentrionale de la Souabe, et une partie des cercles de Franconie et du Haut-Rhin). Les Allemands étaient souvent en guerre avec les Francs; mais quand ces peuples se voyaient pressés par les Romains, ils oubliaient leurs querelles particulières et réunissaient leurs forces pour se défendre contre l'ennemi commun.

qui ne le garda pas long-tems. Il retint à sa solde ces mêmes Francs qui avaient servi sous Théodose. Ce jeune prince éleva et abaissa trop Arbogaste un de leurs capitaines, vaillant, désinterressé, mais capable de maintenir, par toutes sortes de crimes, le pouvoir qu'il s'était acquis sur les troupes. Arbogaste éleva le tyran Eugène, et tua Valentinien, qui ne voulait plus avoir pour maître le superbe Franc.

La mort de Valentinien ne demeura pas impunie. Théodose surprit et défit Eugène qui fut sacrifié à la vengeance publique. Le fier Arbogaste se tua lui-même, plutôt que d'avoir recours à la clémence du vainqueur que le reste des rebelles venait d'éprouver.

Environ dix ans après la défaite d'Eugène, toutes les provinces de l'Occident furent de nouveau inondées d'un nombre prodigieux de différentes nations barbares, qui y causèrent des dégats plus terribles encore que tous ceux qu'on avait éprouvés jusqu'ici; et qui finirent par s'en emparer, après y avoir semé l'épouvante et le carnage.

Radagaise, chef ou roi des Goths ravagea l'Italie. Les Vandales, autre nation gothique, occupèrent une partie de la Gaule, et se répandirent dans l'Espagne. Alaric roi des Visigoths contraignit Honorius à lui abandonner ces grandes provinces déjà occupées par les Vandales.

Stilicon battit tous ces barbares dans plusieurs rencontres, sut en imposer aux ennemis de l'Empire, et contint les Francs au-delà du Rhin. Honorius fit mourir Stilicon : la perte entière de la Gaule et de l'Espagne, suivit de près la mort de ce grand homme, qui avait soutenu pendant quelque tems l'Empire penchant vers sa ruine.

Alaric passa en Italie, prit et s'accagea Rome. Ataulphe, plus furieux qu'Alaric, la pilla de nouveau. Les Romains furent obligés de traiter avec les Goths, qui s'établirent en Espagne, en se réservant dans les Gaules les provinces qui tiraient vers les Pyrénées.

Les Bourguignons (1) occupèrent le voisinage du

---

(1) Les Bourguignons habitaient la partie du Nord-Est de la germanie, entre l'Oder et la Vistule, la Mer Baltique et la Varte et une ligne tirée depuis cette dernière rivière jusquà la Vistule, vers le cinquante-deuxième dégré de latitude et le trente-sixième dégré de longitude.

L'Oder prend sa source dans la Moravie au Nord, traverse la Silésie où il arrose Breslau, glocau et crossen : le Brandebourg ; où il baigne Francfort ; puis se partageant en deux branches au-dessus de Stettin en Poméranie, il se jette dans la Mer Baltique par trois embouchures.

La Vistule a sa source aux Monts Krapacs, dans le duché de Silésie, passe par la Mozavie et la Prusse-Nouvelle ou occidentale (ci-devant Polonaise) ; et se perd dans la Mer Baltique par plusieurs embouchures. Elle arrose Cracovie, Sandomir, Thorn et Culm : Marienbourg est situé sur un bras de la Vistule, qui se nomme la (Noga) : Dantzick est à l'embouchure de cette rivière.

La Varte prend sa source dans lè Palatinat de Cracovie, passe par Posna et se jette dans l'Oder, à droite à Crustrin, au-dessous de Francfort.

Rhin, d'où peu à peu ils gagnèrent le pays qui naguères portait encore leur nom.

On doit croire que les Francs ne s'oublièrent pas dans ces circonstances, si favorables à leurs projets; et ce fut alors qu'ils pensèrent sérieusement à faire un dernier effort pour s'ouvrir les Gaules et s'y fixer enfin. Quelques essains de la nation s'étaient déjà répandus quelques années auparavant (en 414) dans la Belgique et dans une partie de la Celtique, d'où les Romains n'avaient jamais pu venir à bout de les chasser entièrement.

Enfin, résolus de faire de nouveaux efforts pour pénétrer dans les Gaules et s'en rendre tout-à-fait les maîtres, ils élevèrent à la royauté Pharamond, fils de Marcomir, un de leurs chefs. (Ils l'élurent en l'élevant sur un pavois, *large bouclier.*)

Ætius, général Romain, défendit quelque tems les Gaules contre Pharamond et contre Clodion-le-Chevelu; mais Mérovée fut plus heureux, et y forma un plus solide établissement. La valeur de Childéric, son fils, le fit craindre de ses ennemis; et ses conquêtes s'étendirent bien avant dans les Gaules.

Clovis succèda à l'âge de quinze ans à Childéric son père. Il défit Syagrius général Romain qui avait fixé sa résidence à Soissons, et le poursuivit jusqu'à Toulouse où il s'était réfugié auprès d'Alaric. Livré bientôt par ce roi qui tremblait pour ses états, aux

victorieux

victorieux Clovis, celui-ci, après l'avoir amusé quelque tems par de fausses promesses de liberté, au moyen desquelles il facilita plusieurs de ses conquêtes, il lui fit trancher la tête secrettement, et s'empara de Toulouse et d'une partie de l'Aquitaine, après avoir tué de sa propre main Alaric dans une bataille.

Ainsi finit la domination Romaine dans les Gaules, où les Francs se virent possesseurs de presque toutes les provinces situées entre le Rhin, les Pyrénées et l'Océan (1).

Ce fut vers l'an 495 que toutes les terres conquises par les Francs en-deçà du Rhin commencèrent à porter le nom de *France*; et ce n'est qu'à cette époque que les auteurs, qui ont écrit dans notre langue, ont commencé à donner aux Francs le nom de Français.

Ce ne fut pas sans les plus grands efforts que les Francs parvinrent à s'établir dans les Gaules. Ils voulaient former un État indépendant sur des terres qui leur étaient étrangères, et quoique la faiblesse de l'Empire ouvrit, depuis long-tems un champ libre à l'incursion des barbares, ont vit les Empereurs tourner contr'eux toutes leurs forces, et les Gaulois, qui ne

(1) Le reste de la Gaule était occupé par les Goths, qui restèrent maîtres pendant quelque tems de la partie de l'Aquitaine qui tirait vers les Pyrénées et l'Océan.

sentaient pas encore l'avantage d'obéir aux Francs, dont le gouvernement était beaucoup plus doux que celui des autres peuples venus des forêts de la Germanie, semblait avoir le même intérêt d'arrêter les Francs à l'entrée des Gaules.

Il n'est pas difficile, d'après ce que nous venons de dire de saisir le caractère originel des Francs. Toujours en garde contre tout ce qui aurait pu porter la moindre atteinte à la liberté, ils n'eurent pour les conduire (avant qu'ils se fussent établis dans les Gaules,) que des chefs belliqueux, et encore leur autorité cessait-elle aussitôt que les expéditions pour lesquelles on les avait élus étaient terminées. Ces peuples, à demi sauvages, ne connaissaient point d'autre métier que celui de la guerre : aussi l'histoire, dès qu'elle nous parle d'eux, nous les représente-t-elle toujours les armes à la main. Leur caractère léger et inconstant, toujours porté vers la vivacité et le vagabondage, ne leur permettait pas de s'appliquer aux arts utiles. Cette vie érrante, dont ils s'étaient fait une habitude, les empêcha long-tems de prendre une situation assurée, et de former aucun établissement solide. Loin de soupçonner la nature des divers gouvernemens, ils croyaient que l'épée faisait tout. Leur vivacité ne leur permettait pas de demeurer un instant en repos. Quand ils n'avaient pas d'ennemis étrangers à combattre, ils se battaient entr'eux, et le duel était pour eux un passe-tems.

Dédaignant la discipline militaire, ils se livraient dans les combats à une fougue aveugle, sans prévoir le danger, et on les vit plus d'une fois, jettant bas les armes défensives, combattres nus, se croyant assez forts et assez protégés de leur ardeur martiale.

Ils n'avaient d'abord pour armes qu'un arc et des flèches. Après leur établissement dans les Gaules, ils prirent le bouclier, l'épée et la hache qu'ils appellaient *francisque.* Dès qu'ils entendaient le signal du combat, ils s'avançaient et impatients d'attaquer, ils brisaient le bouclier de leur adversaire à coups de hache; ensuite sautant l'épée à la main sur leur homme, ils le tuaient.

Les Francs conservèrent long-tems au milieu des Gaules les mœurs fières et farouches qu'ils avaient apportées de la Germanie; mais ce qui les distingua le plus, dans tous les tems, des autres Nations que l'on appellait barbares, fut cet amour passionné pour la liberté qui était inné chez eux.

Les Gaulois et les Francs sont nos pères. Les premiers firent, pendant dix ans entiers, des efforts incroyables pour défendre leur liberté contre les Romains. Les Francs, plus heureux qu'eux, vinrent à bout d'humilier l'orgueil de ces fiers dominateurs de l'Univers, et finirent par anéantir leur domination dans la Gaule, une des plus belles provinces de l'Empire et dont la conquête leur avait coûté tant de sang.

Comment les descendans de ces fiers Gaulois, de ces indomptables Francs, se laissèrent-ils dépouiller aussi facilement et aussi lâchement qu'ils le firent, de cette précieuse liberté, dont ils se montrèrent dans tous les tems si jaloux! Comment la Nation Française, avilie et dégénérée, a-t-elle pu être pendant tant de siècles le jouet du despotisme!... Il serait curieux de rechercher ici la cause de ce long et profond avilissement. Les bornes que nous nous sommes prescrites ne nous le permettent pas.

Il fallait une révolution telle que celle dont nous sommes témoins pour faire sortir le peuple Français de sa léthargie, pour le faire ressouvenir de ce qu'il fut autrefois, et pour lui rappeller qu'il n'était pas fait pour courber éternellement sa tête altière sous le joug de l'esclavage et de la tyrannie.

*Fin de la première partie.*

## SECONDE PARTIE.

*Qui comprend la description des Départemens.*

Située dans la partie occidentale de l'Europe, entre la Méditerranée, les Alpes, le Rhin, le territoire de République Batave, le Canal-Britannique, l'Océan Atlantique et les Pyrenées, la France embrasse aujourd'hui presque toute cette étendue de pays, qui, après que les Romains en eurent fait la conquête, prit le nom de Gaule Transalpine. Quoique la nature semble en avoir elle-même posé les limites, elles ont varié suivant les tems et les circonstances, et selon que les despotes qui la gouvernaient et ceux qui l'entouraient, avaient intérêt à les étendre ou à les resserrer.

Renfermée présentement dans ses bornes antiques et naturels, elle a à l'Orient l'Italie, l'Helvétie et l'Allemagne; au Nord la République Batave; au Nord-Ouest l'Angleterre; l'Espagne au Midi. Les Alpes la séparent de l'Italie et de l'Helvétie; le Rhin de l'Allemagne; la Manche de l'Angleterre; les Pyrénées de l'Espagne.

La Gaule, pendant qu'elle resta sous la domination Romaine, éprouva, à différentes époques, des changemens considérables dans sa distribution térritoriale. Lorsque les Francs commencèrent à s'y faire connaître, elle était répartie en plusieurs provinces, dont chacune avait pour capitale la ville la plus distinguée de son arrondissement. Ces capitales étaient décorées du titre de *Métropôles*, et avaient sous leur jurisdiction un certain nombre de villes moins considérables, avec leur territoire.

Cet ordre, sur le déclin de l'Empire, fut bientôt renversé, et ne subsistait déjà plus lorsque les Francs eurent achevé la conquête des Gaules. Il s'y était déjà formé, avant qu'ils y eussent pris une assiète assurée, plusieurs États souverains plus ou moins étendus : ce qui avait fait disparaître presqu'entièrement la division qui avait eu lieu sous les Romains. Les Bourguignons, sortis comme les Francs de la Germanie, avaient fondé dans la partie Orientale un royaume assez puissant, qui s'étendait le long du Rhin, de la Saône et du Rhône, depuis les environs de Langres jusqu'à la Méditerranée et aux Alpes. Les Goths s'étaient emparés de toutes les provinces situées entre les Pyrénées et la Loire. Les Bretons (1) et les autres peuples Armoriques occupaient la partie occidentale. La partie septentrionale était partagée entre plusieurs petits souverains dont quelques-uns avaient le titre de roi.

(1) Ces peuples après avoir été chassés de la Bretagne (l'Angleterre) par les Anglés et les Saxons, se retirèrent dans cette partie de la France à laquelle ils donnèrent leur nom.

Telle était la distribution de la Gaule lorsque Clovis, (on le regarde comme le véritable fondateur de la Monarchie, car on ne connaît guères que de nom ses prédécesseurs) parvint à la couronne. Elle éprouva, sous son règne, des changemens plus considérables encore. Il étendit ses conquêtes depuis l'embouchure du Rhin jusqu'à Toulouse. Les limites des anciennes provinces se trouvèrent confondues, et disparurent enfin tout-à-fait, pour ne plus reparaître; et la France, (car c'est ici qu'il faut commencer à lui donner ce nom) ne conserva presque plus, quant à sa distribution territoriale, aucune ressemblance avec l'ancienne Gaule.

Les choses changèrent bien autrement encore sous les successeurs de Clovis. Ses quatre fils se partagèrent entr'eux les États qu'il avait conquis. Thierry fut roi de Metz ou d'Austrasie (1); Clodomir d'Orléans; Childebert de Paris: Clotaire de Soissons.

La loi qui établissait le droit au partage du trône, fut constamment en vigueur sous les rois de la première race et sous ceux de la seconde jusqu'à Louis d'Outremer. Cette distribution malheureuse plongea, pendant quatre siècles, la France dans un abîme de malheurs plus terribles les uns que les autres. L'ambi-

(1) L'Austrasie comprenait la partie orientale de la France avec les deux bords du Rhin. La partie occidentale se nommait la Neustrie.

tion, la férocité et l'insatiable cupidité des copartageans, allumaient à chaque instant, des guerres civiles d'autant plus cruelles, qu'elles étaient générales, et le royaume se trouvant à chaque moment morcélé dans ses différentes parties, il n'y eut rien de fixe, ni de constant dans sa distribution intérieure.

La Nation sentit enfin combien cette loi impolitique, qui appelait au partagé du trône tous les enfans mâles des rois, était funeste à l'État, et l'abolit entièrement, après la mort de Louis d'Outremer, en 954. Lothaire, son fils aîné, lui succéda. Charles, son autre fils, n'eut rien du royaume; et depuis cette époque il ne fut plus partagé entre les frères: l'aîné seul eut le titre de roi.

Toutes les portions de la France se trouvant réunies sous une seule et même main, on put enfin mettre quelque ordre dans sa distribution intérieure, et déterminer les limites respectives des provinces. Elles ne furent cependant pas fixées à cette époque d'une manière si stable, qu'elles n'éprouvassent encore dans la suite quelques changemens; et ce ne fut qu'avec le tems, que le territoire Français se trouva réparti en trente-deux provinces, ou gouvernemens militaires, comme il l'était au moment de la révolution.

Chaque province avait ses lois et ses coutumes particulières; et le régime féodal avait introduit de toutes parts une foule d'usages, qui, tout ridicules qu'ils étaient pour la plupart, avaient en quelque sorte, graces à l'insoussiance de nos pères, pris force de loi.

Cet ordre de chose s'accordait d'autant mieux avec les vues du despotisme, qu'il servait plus efficacement ses prétentions et qu'ils laissait toujours entre ses mains un moyen infaillible de retenir la Nation dans l'esclavage; car les peuples des différentes provinces étant tous, à raison de leurs privilèges et de leurs usages particuliers, séparés d'intérêts, et formant en quelque sorte au milieu de l'État autant de Nations distinctes, que l'on comptait de provinces, il était facile de les tenir toujours isolés,

Mais il était absolument incompatible avec le régime de l'égalité, car il y avait toujours lieu de craindre que chaque province, en conservant le souvenir de ses anciens usages et de ses privilèges, ne voulût toujours y rester attachée, sans vouloir faire corps avec le reste de l'État. Il devenait donc indispensable, au moment de la révolution, de former une nouvelle distribution du territoire Français, qui, en rapprochant les citoyens les uns des autres, leur fit sentir qu'ils ne formaient tous qu'un seul peuple, une seule et même Nation, et qu'ils ne devaient tous avoir que les mêmes intérêts.

Ce furent ces considérations qui déterminèrent l'Assemblée Nationale constituante à adopter la division départementale; la regardant comme le seul moyen propre à faire disparaître toutes ces distinctions que l'ancien ordre de choses avait introduites entre les habitans des différentes provinces.

Cette distribution était d'autant plus analogue au régime qu'on voulait établir, qu'elle tendait naturellement à cimenter cette égalité parfaite de droits qui devait désormais lier ensemble tous les citoyens Français, et qu'elle présentait un moyen infaillible d'assurer l'universalité des lois en ne laissant nulle part aucune place pour un privilège. Enfin, cette distribution en assignant à chaque arrondissement un nombre à-peu-près égale d'habitans, mettait chaque pays et chaque citoyen à portée de recueillir uniformément les fruits d'une prompte justice et d'une administration vigilante, et assurait au Législateur un moyen infaillible de pouvoir en tous tems répartir avec toute la justice possible la somme des tributs que les citoyens de chaque arrondissement doivent offrir à la patrie, en les proportionnant à leurs ressources journalières.

Le territoire Français fut d'abord divisé en quatre-vingt-trois départemens. Les conquêtes des Armées Républicaines en ont successivement augmenté le nombre; en sorte qu'on en compte aujourd'hui cent six, non compris ceux qui ont été établis dans les colonies.

La plupart des départemens tirent leur nom des Rivières. Les uns le doivent aux noms réunis de deux Rivières, dont l'une se perd dans l'autre, ou qui traversent toutes deux le même département; les autres l'empruntent du nom seul d'une Rivière qui a sa source, ou qui promène ses eaux dans le département qui lui doit le sien.

Parmi les Rivières qui donnent le nom aux départemens de leur nom seul, il y en a quelques-unes qui le donnent à plusieurs en même-tems, suivant les différentes positions qu'ils occupent sur leurs bords : telles que la Loire qui donne son nom aux départemens de la Haute-Loire, de la Loïre et de la Loire-Inférieure; la Charente qui donne le sien à ceux de la Charente et de la Charente-Inférieure; le Rhin qui le donne à ceux du Haut et du Bas-Rhin. Le département de la Haute-Loire et celui de la Loire-Inférieure sont ainsi nommés, parce que le premier est près de la source de cette Rivière, et que le dernier est situé près de son embouchure. Le département du Haut-Rhin et celui du Bas-Rhin sont ainsi appelés, parce que le premier est plus près de la source de ce Fleuve que le dernier. Il en est de même de tous les autres départemens, qui tirent leur nom du même Fleuve ou de la même Rivière.

Quant aux départemens qui ne tirent leur dénomination ni des Fleuves ni des Rivières, plusieurs l'empruntent des Montagnes au pied desquelles ils sont situés: Quelques-uns des Mers ou des Lacs dont ils sont voisins. Un doit son nom à un rocher qui le borne au Nord-Ouest, (celui du Calvados); un autre l'emprunte d'une côte qui se trouve à peu-près au milieu, (celui de la Côte-D'or); deux le tirent des forêts qui en occupent une partie, (ceux des Ardennes et des Forêts); il y en a un qui le tire de la nature de son terroir, (celui des Landes), deux qui le doivent à deux îles qui entrent dans leur composition, (ceux de Corcyre et d'Itaque); un qui l'emprunte d'une Fontaine, (celui de Vaucluse); trois le doivent à leur position, (ceux du Nord, des Côtes-du-Nord et du Finisterre.)

Les Montagnes dont plusieurs départemens tirent leur dénomination, sont: les Alpes, le Mont-Blanc, la Lozère, le Cantal, le Puy-de-Dôme, le Jura, le Mont-Terrible, les Vosges, le Mont-Tonnèrre, les Pyrénées. Les Mers dont quelques-uns l'empruntent, sont la Manche, le Pas-de-Calais et la Mer Egée.

Le territoire de la République est arrosé par sept Fleuves considérables dont le cours offre un moyen des plus simples et des plus naturels pour en faire connaître la division générale; ce sont le Rhône, le Rhin, la Meuse, l'Escaut, la Seine, la Loire et la Garonne. Le Rhône et le Rhin en baignent la partie orientale, et se perdent l'un dans la Méditerranée, l'autre dans la Mer du Nord. La Meuse et l'Escaut arrosent la partie septentrionale, et se déchargent aussi dans cette dernière Mer. La Seine et la Loire baignent la partie du centre et celle de l'Ouest, et se jettent la première dans la Manche, la seconde dans l'Océan. La Garonne, qui se décharge aussi dans celui-ci; promène ses eaux dans la partie méridionale.

Le cours du Rhône et celui du Rhin peuvent donc servir à déterminer la position des départemens qui occupent la partie orientale du territoire Français; Ceux de la Meuse et de l'Escaut, celle des départemens qui sont situés dans la partie septentrionale. Le cours de la Seine et celui de la Loire, celle des départemens qui se trouvent au centre et dans la partie occidentale; celui de la Garonne enfin, celle des départemens qui embrasse la partie méridionale.

Nous rangeons dans la classe des départemens qui occupent la partie Orientale de la France, tous ceux, qui, depuis les bords de la Méditerranée jusqu'aux frontières des ci-devant Pays-Bas et du Palatinat, s'étendent entre cette Mer, les Alpes et le Rhône; ceux qui, situés à la droite de ce Fleuve, empruntent leur nom de quelques-unes des Rivières qui s'y perdent; ceux encore qui, situés le long du Rhin, sont formés des provinces, qui, avant la révolution, faisaient partie du territoire Français.

Nous comprenons dans la classe des départemens qui occupent la partie septentrionale ceux qui, depuis les anciennes limites de la France jusqu'aux frontières de la Hollande, occupent les provinces Belgiques et la Rive gauche du Rhin, entre ce Fleuve et la Mer du Nord, des deux côtés de la Meuse et de l'Escaut.

Nous mettons au nombre des départemens du centre et de l'Ouest, tous ceux qui depuis les bords de la Manche et de l'Océan jusques vers les sources de la Seine et de la Loire, s'étendent de l'Ouest à l'Est entre ces deux Fleuves, les anciennes limites de la France vers le Nord et les départemens que nous avons rangés dans la partie méridionale.

Enfin nous comprenons dans la classe des départemens méridionaux, tous ceux qui se trouvent entre l'Océan, la Méditerranée, les Pyrénéeset la Garonne avec ceux qui doivent leur nom aux Rivières qui se perdent dans ce Fleuve.

Quant aux départemens qui sont situés hors du territoire proprement dit de la France, nous en donnerons la description avec celle des colonies.

Les départemens frontières sont:

Dans la partie orientale; ceux des Hautes-Alpes, du Mont-Blanc, du Leman, du Jura, du Doubs, du Mont-Terrible, du Haut et du Bas-Rhin.

Dans la partie septentrionale; ceux du Mont-Tonnère, de Rhin et Moselle, de la Roër, de la Meuse-Inférieure, des deux Nèthes, de l'Escaut et de la Lys.

Dans la partie méridionale; ceux des Basses et Hautes-Pyrénées, de la Haute-Garonne de l'Ariége et des Pyrénées-orientales.

Les départemens Maritimes sont:

Sur la Méditerranée; ceux des Alpes-Maritimes du Var, des Bouches-du-Rhône, du Gard, de l'Hérault et de l'Aude, auxquels on peut joindre celui des Pyrénées-Orientales, puisque la Mer le borne d'un côté:

Sur la Manche; ceux du Nord, du Pas-de-Calais, de la Somme, de la Seine-Inférieure, du Calvados, de la Manche et d'Ille-et-Vilaine; celui de la Lys, sur la Mer du Nord:

Sur l'Océan; ceux des côtes du Nord, du Finisterre, du Morbihan, de la Loire-Inférieure, de la Vendée, de la Charente-Inférieure, de la Gironde et des Landes.

Les départemens Limitrophes sont ceux qui ont des bornes ou limites communes, ou qui s'en servent réciproquement. Le département de Seine et Oise, par exemple, est Limitrophe de ceux de Seine-et-Marne, de l'Oise, de l'Eure, de l'Eure-et-Loire et du Loiret.

## *Ancienne division de la France et des Pays-Bas Autrichiens.*

La France, avant la révolution, était, comme nous l'avons dit, divisée en trente-deux provinces ou gouvernemens militaires: savoir,

Dans la partie orientale; 1°. La Provence; 2°. Le Dauphiné; 3°. La Franche-Comté.

Dans la partie septentrionale; 4°. L'Alsace; 5°. La Lorraine; 6°. La Champagne; 7°. La Flandre-Française; 8°. La Picardie; 9°. L'île-de-France; 10°. La Normandie; 11°, Le Perche:

Dans la partie occidentale; 12°. La Bretagne; 13°. Le Maine; 14°. L'Anjou; 15°. Le Poitou; 16°. Le pays-d'Aunis; 17°. La Saintonge.

Dans la partie du centre; 18°. L'Orléanais, 19°. Le Nivernais; 20°. La Bourgogne; 21°. La Tourraine; 22°. Le Berri; 23°. Le Bourbonnais; 24°. Le Lyonnais; 25°. La Manche; 26°. Le Limousin; 27°. L'Auvergne.

Dans la partie méridionale, 28°. La Guyenne, 29°. Le Languedoc, 30°. Le Béarn, 31°. Le Comté de Foix, 32°. Le Roussillon.

Comme il est impossible de faire aucun progrès dans l'étude de l'histoire d'un pays si l'on ne connaît pas les changemens que la suite des siècles et les révolutions qu'il a subies, ont occasionnés dans sa distribution territoriale, on ne doit pas laisser ignorer aux élèves l'ancienne division de la France. D'ailleurs il est intéressant qu'ils la connaissent, afin qu'ils puissent entrevoir la manière dont chacune des anciennes provinces entrent en totalité ou en partie dans la composition des départemens. Pour leur faciliter le moyen de parvenir promptement à obtenir ce résultat, nous aurons soin, à mesure que nous décrirons les départemens, de leur faire connaître en détail la situation des anciennes provinces, en sorte que quand ils

ils la connaîtront bien, il leur sera facile de saisir le rapport que les unes ont avec les autres. En leur faisant observer que Strasbourg, par exemple, était la capitale non-seulement de toute l'Alsace, mais encore de la Basse en particulier, et que Colmar l'était de la Haute, ils verront au premier coup-d'œil, et avec toute la facilité possible que la première de ces deux communes étant le chef-lieu du département du Bas-Rhin, la seconde de celui du Haut-Rhin, l'un et l'autre de ces départemens répondent à cette partie du territoire Français, qui, avant la division départementale, était connue sous le nom d'Alsace.

De même, pour ce qui regarde les provinces plus étendues, et dont les différentes portions entrent dans la formation d'un plus grand nombre de départemens, le nom des chefs-lieux de ceux-ci leur rappellera tout-à-coup celui de la partie de l'ancienne province dont chaque département est formé. Ainsi quand ils se rappelleront que Besançon est le chef-lieu du département du Doubs, Dôle de celui du Jura, et qu'ils sauront que ces deux communes tenaient un rang distingué entre les villes de la Franche-Comté, il sera impossible qu'ils n'entrevoient pas au premier coup-d'œil que ces deux départemens occupent ou la totalité ou la majeure partie de cette province. Il suffira, pour les mettre à portée de retirer de cette méthode tout l'avantage qu'on peut s'en promettre, de leur faire connaître les villes les plus remarquables que chaque province renfermait, puisque presque toutes sont devenues chefs-lieux de départemens. Grenoble était la capitale du Dauphiné: cette commune est le chef-lieu du département de l'Isère: l'un est donc formé d'une partie de l'autre. St.-Flour était la capitale de la Haute-Auvergne; Clermont de la Basse: la première de ces communes est le chef Lieu du département du Cantal; Clermont de celui du Puy-de-Dôme; l'Auvergne entre donc en totalité ou en partie dans la formation de ces deux départemens.

Plusieurs provinces se divisaient en plusieurs pays, plus ou moins étendus, dont chacun avait ordinairement pour capitale la ville la plus distinguée de son arrondissement. Le gouvernement de Guyenne comprenait la Guyenne et la Gascogne. La première renfermait la Guyenne propre ou le Bourdelois, le Périgord, l'Agénois, etc. la seconde embrassait l'Armagnac, le Bigorre, etc; Bordeaux était la ville la plus considérable de la Guyenne propre; Périgueux du Périgord; Auch de l'Armagnac; Tarbes du Bigore; Agen de l'Agénois. Bordeaux est le chef-lieu du département de la Gironde; Périgueux de celui de la Dordogne; Auch de celui du Gers; Tarbes de celui des Hautes-Pyrénées; Agen de celui du Lot-et-Garonne : tous ces départemens sont donc formés de la Guyenne ou de la Gascogne, et des différens pays qui en faisaient partie.

Les Pays-Bas comprenaient la Flandre Autrichienne, le Hainaut, le Brabant, le Namurois, la Seigneurie de Liege, le Luxembourg, le Limbourg et la Gueldre méridionale. Bruges, Gand et Anvers étaient les villes les plus considérables de la Flandre Autrichienne; Bruges est le chef-lieu du département de la Lys; Gand de celui de l'Escaut; Anvers de celui des Deux Nèthes: ces trois départemens embrassent donc la majeure partie (1) de cette province. Mons était la capitale du Hainaut: cette commune est le chef lieu du département de Jemmappe: le Hainaut entre donc ou en totalité, ou en partie dans la composition de ce département. Bruxelles était la capitale du Duché de Brabant: elle est le chef-lieu du département de la Dyle: ce département embrasse donc une partie de ce duché, etc.

(1) Nous aurons soin, en faisant la description des départemens de faire connaître les différentes portions de chaque province qui entre en totalité ou en partie dans la composition de ces départemens.

# CHAPITRE I.

*Les departemens qui sont situés dans la partie orientale de la France, des deux côtés du Rhône et aux environs du Rhin.*

LE Rhône et le Rhin sont deux des plus grands fleuves de l'Europe : l'un arrose la partie du Sud-Est de la France; l'autre lui sert de limites au Nord-Est.

Le Rhône prend sa source au Mont de la Fourche, près de celui St.-Gothard dans l'Helvétie, vers le vingt-sixième dégré de longitude et le quarante-sixième, trente minutes de latitude. Il traverse le Valais d'une extrémité à l'autre, ainsi que le lac Leman; coule entre le département de l'Ain et celui du Mont-Blanc; sépare le premier de ces deux départemens de celui de l'Isère, le département de l'Ardêche de celui de la Drôme, et le département de Vaucluse de celui du Gard; arrose la partie occidentale du département des Bouches-du-Rhône; puis se décharge dans la Méditerranée. Il passe à Lyon, à Vienne, à Valence, à Montelimar, à Avignon, à Baucaire, à Tarascon et à Arles.

Le Rhin sort du Mont-Saint-Gothard, qui n'est pas éloigné de celui de la Fourche. Il traverse le lac de Constance, sépare la Souabe de l'Helvétie, arrose le cercle Electoral du Rhin, celui de Westphalie et la Hollande. Il se divise en deux branches au fort de *Skenck* : la gauche prend le nom de *Wahal*; la droite retient celui de Rhin : Il se partage encore en deux branches auprès d'Arnheim : la première qui prend le nom d'*Yssel*, tire droit au Nord, arrose Zutphen et Deventer en Hollande, et se jette dans le Zuyderzée (1); la seconde; qui retient le nom de Rhin, continue son cours droit à l'Ouest. Enfin il se partage encore en deux branches une troisième fois, dans la ci-devant province d'Utrecht. Le bras gauche prend le nom de *Lèck*, et va se joindre à la Meuse; l'autre retient encore le nom de Rhin, et se perd dans les Sables, au-dessous de Leyde, en sorte que ce fleuve ne conserve pas son nom jusqu'à la Mer (2).

Le Wahal, qui est la branche gauche du Rhin de la première division, se joint à la Meuse, à l'Orient de l'île de Bommel, s'en sépare ensuite,

---

(1) Le Zuyderzé est ce grand golfe, ou cette partie de la Mer qui est entre les terres de la République Batave. Les Hollandais lui donne ce nom, qui signifie Mer du Sud, par opposition à la grande Mer, avec laquelle elle communique du côté du Nord.

(2) L'an 860 l'Océan se déborda au point qu'il ruina l'embouchure de ce fleuve.

s'y réunit à l'Occident, et forme cette île au moyen de cette réunion. Le Wahal prend alors le nom de la Meuse. Le Rhin passe à Coire, à Rhinfeld, à Philisbourg, à Spire, à Worms, à Mayence à Coblentz, à Cologne, etc.

## ARTICLE I.

### *Le Département des Alpes-Maritimes.*

Le pays dont ce département est formé, portait ce nom dès le tems des Romains. Il faisait avant la révolution, partie des États du roi de Sardaigne. C'est une des conquêtes de l'armée d'Italie. Ce département comprend encore la ci-devant Principauté de Monaco, qui avait pour Capitale la ville du même nom.

Ce département est borné à l'Occident par le département du Var et par celui des Basses-Alpes; au Midi par la Méditerranée; à l'Orient par la République Ligurienne et le Piémont; au Nord par celui-ci encore. Il est couvert d'Orangers, d'Oliviers et autres arbres, qui produisent abondamment des fruits excellens, dont ont fait un grand commerce.

Les Alpes, qui donnent leur nom à ce département, ainsi qu'à ceux des Hautes et Basses-Alpes, sont de longues chaînes de rochers escarpés, qui forment des vastes montagnes, d'une hauteur prodigieuse. Elles sont presque par tout d'un très-difficile accès, parce qu'elles sont remplies de précipices affreux qu'il est impossible de franchir, et qu'elles sont presque toujours couverte de neige; il y a même des endroits où elles ne fondent jamais, ce qui est cause qu'il y fait un froid excessif pendant la plus grande partie de l'année.

Ces Montagnes sont entrecoupées par une infinité de vallées, située de côté et d'autre dans les différens États qu'elles traversent. La plupart de ces vallées sont en général assez fertiles et ont quelques pâturages, celles principalement qui sont arrosées par quelques rivières; on y élève quantité de bestiaux de toutes espèces; il y en a quelques-unes où ils se trouve de bons vignobles, comme dans le pays des Grisons. Il y a des cantons considérables qui sont enclavés en entier dans les gorges de ces Montagnes, tels que le Valais, une partie du Duché, d'Aoûst, dans le Piémont, et la plus grande partie de l'Helvétie.

Les aigles et les Tortues sont fort communs dans les Alpes; les premiers font une guerre continuelle aux dernieres: ils les enlèvent dans leurs serres à une hauteur prodigieuse, et les laissent ensuite retomber: elles se fracassent sur les rochers, quelques dures que soient leurs écailles: les aigles qui ne les perdent point de vue, se précipitent dessus et les dévorent. On voit aussi dans quelques cantons des Alpes, des troupeaux de moutons que les aigles n'épargnent pas plus que les tortues.

Nice et Villefranche sont les communes les plus

remarquables du département des Alpes-Maritimes, La dernière en est le chef-lieu. Nice est bâtie sur un rocher escarpé, et défendue par un château très-fort du côté de la Mer. Villefranche l'est par deux, l'un du côté de la Mer, l'autre du côté de la Montagne. Tous ces forts ne pûrent tenir long-tems contre la valeur et l'intrépide courage des défenseurs de la patrie.

Après la conquête de Nice et de Villefranche il ne restait plus au roi Sarde que le port d'Oneille pour communication avec son île de Sardaigne. Les républicains ouvrirent la campagne de l'an deux en s'emparant de ce port. Il fallait passer sur le territoire de Gênes. Tout le monde connaît la conduite que l'armée républicaine tint en traversant ce pays neutre : conduite sublime qui enleva l'admiration et l'enthousiasme du peuple Génois. Les défenseurs de la patrie fatigués, desirant le repos, n'osaient fouler la verdure qui les invitait à s'asseoir, et bivouaquant sur des champs d'orangers, éprouvant le besoin d'étancher leur soif, ils respectèrent jusqu'à la feuille de cet arbre. Quelques-uns s'étant couché par mégarde sur des feuillages qu'ils croyaient inutiles, offrirent de les payer sur la simple réclamation du propriétaire.

## ARTICLE II.

### *Le Département des Basses-Alpes.*

Il est borné à l'Occident par les départemens des

Hautes-Alpes, de la Drôme et de Vaucluse; au Nord par le premier de ces départemens encore; à l'Orient par les Alpes; au Midi, par le département du Var. On y récolte du bled et du vin; il produit des prunes; on y trouve des eaux minérales, des salines, des mines de charbon de terre.

La Durance est la rivière la plus considérable de ce département. Elle sort du Mont *Genèvre* dans celui des Hautes-Alpes, en arrose la partie orientale, baigne la partie occidentale de celui de l'Ain, coule entre le département des Bouches-du-Rhône et celui de Vaucluse, puis se perd dans le Rhône, au-dessous d'Avignon, Elle passe à Embrun, à Sisteron, à Cavaillon dans le département de Vaucluse, à Château-Renard et à Barbantane dans celui des Bouches-du Rhône.

La Durance reçoit à droite la Bène et le Calavon; à gauche l'Ubaye, la Bléonne, l'Asse et le Verdon.

La Béne a sa source au Nord-Est de Gap, dans le département des Hautes-Alpes, et arrose cette commune.

Le Calavon prend sa source au Nord-Est d'Apt qu'il arrose dans le département de Vaucluse.

L'Ubaye sort des Alpes, traverse la vallée de Barcelonette; baigne la commune de ce nom et Miolens, dans le Département des Basses-Alpes.

La Bléone a sa source dans le même département au Nord-Est de Digne qu'elle arrose.

L'Asse y prend aussi la sienne, au Sud-Est de Clumans, y arrose Barrème, et reçoit une autre petite rivière sur laquelle est située Senez, qui est du même département.

Le Verdon sort du lac d'*Aloz*, dans la vallée de Barcelonette, traverse la partie orientale du Département des Basses-Alpes jusqu'à Castellane, et coule ensuite au Sud-Ouest, entre le Département du Var et celui des Basses-Alpes, arrose Colmars et Castellane, passe près de Moustiers et de Quinson, et baigne Gréoux et Vinon.

Forcalquier, prés la Durance. Cette commune, qui est assez grande, était célèbre autrefois, et connue du tems des Romains. Elle est située dans un air fort sain; les campagnes qui l'environnent sont très-fertiles.

Monosque au Midi de Forcalquier, petite commune fort ancienne. Sault au Nord-Est sur la Nasque, dans une vallée abondante en pâturages.

Riez, près du Verdon, est remarquable par les restes des monumens, dont les Romains avaient orné cette commune.

Castellane, sur le Verdon, commune peu considérable, mais ancienne. Il y a près de cette commune une fontaine d'eau salée très abondante.

Moustiers, près le Verdon, Senez, près l'Asse, Barrème; Entrevaux sur le Var; Arinthot, près l'Ain, sont des communes peu considérables.

Digne, sur la Bléone, chef-lieu du département, est une commune ancienne, dont les environs produisent des prunes très-estimées.

Sisteron, sur la Durance, est peu considérable. Sa position désavantageuse en éloigne le commerce. Ses environs sont fertiles et le séjour en est très-agréable.

Colmars, sur le Verdon. On voit près de cette commune, qui est bâtie dans un pays montagneux, une fontaine qui éprouve le flux et reflux : elle croît et décroît plusieurs fois sensiblement dans la journée : elle coule et s'arrête environ huit fois par heure.

Barcelonette fait un commerce considérable de bestiaux que l'on nourrit dans les vallées. Aloz sur le lac de même nom, est une commune peu considérable.

Le département des Basses-Alpes est formé de la moyenne Provence, et de la partie méridionale du Dauphiné.

La Provence, dont Aix était la capitale, était bornée au Nord par le Dauphiné; à l'Orient par le Piémont, dont elle était séparée par les Alpes; au Midi par la Méditerrannée; à l'Occident par le Comtat Venaiscin et par le Rhône qui la séparait du Languedoc. Elle était divisée en Haute et Basse. Sisteron, Apt, Digne et Sencz étaient les villes les plus distinguées de la première. Arles, Aix, Marseille et Toulon étaient les plus plus considérables de la seconde.

## ARTICLE III.

### *Le Département du Var.*

La Méditerranée le borne au midi et à l'Orient; le département des Alpes-Maritimes, et celui des Basses-Alpes au Nord; celui des Bouches-du-Rhône à l'Occident.

On y récolte du vin, des figues, des amandes, des oranges, des olives, des pêches, des prunes: on y fait de l'huile, de l'eau-de-vie; on y trouve du marbre, du porphire, du granit.

Le Var, qui donne son nom à ce département, sort du Mont *Cémélion*, au Nord-Est du lac d'Aloz, dans le département des Basses-Alpes, traverse la partie du Sud-Ouest des Alpes-Maritimes, qu'il sépare à l'Orient de celui qui lui doit son nom, et se décharge dans la Méditerranée près de Nice, après avoir arrosé Guillaume, Entrevaux et Glandève.

L'Argens est la rivière la plus considérable de ce département. Elle prend sa source au Nord-Ouest de Barjols qu'elle arrose; puis se divise en deux branches, dont la gauche passe près de Fréjus. Elle se décharge dans le golfe de Grimaud.

L'Argens reçoit à gauche l'*Artubie*, petite rivière qui passe près de Draguignan.

Le Gapeau arrose la partie du Sud-Ouest de ce département, il passe près de Soliers-le-Pont, et se perd dans la Méditerranée.

Toulon, sur la Méditerranée, est le chef-lieu du département du Var. Cette commune est assez jolie, mais elle n'est pas très-peuplée. Son port est le plus beau que la République ait sur la Méditerranée. Le bassin où l'on construit et radoube les vaisseaux est superbe; la corderie et l'arsenal sont magnifiques. Le principal commerce de Toulon consiste en vins, en huiles, en figues, en gants de peau: il y a des fonderies de canons : on y fabrique du savon, des toiles à voiles, des cordages.

La Seyne, sur la Méditerranée, est une petite commune remarquable par son heureuse situation, l'aisance de ses habitans et l'activité de son commerce.

Hières près le Gapeau. Cette commune est située dans la plus agréable contrée de la France. Les environs en sont charmans. Des forêts de pêchers, d'orangers, de grenadiers, plantés sans ordre embellissent la campagne d'Hières.

Soliers, près le Gapeau; Cuers, près la même

rivière, Bormes, sur la Méditerranée; Saint-Tropez sur la même Mer, sont des communes peu considérables.

Brignolle, sur la Caramie, petite rivière qui se perd dans l'Argens à droite, est située dans un air extrêmement pur, et renommée pour ses excellentes prunes.

Fréjus, qui était considérable du tems des Romains, est médiocre aujourd'hui. Saint-Maximin, sur l'Argens, est une petite commune, qui n'a rien de remarquable.

Draguignan, pres l'Artubie. Cette commune, qui est assez grande, est située dans une contrée fertile, sous un climat sain et tempéré.

Barjols, sur l'Argens; Grasse près de la Ciagne, petite rivière qui se perd dans la Méditerranée; Vence, pres le Loup, qui se perd dans la même Mer, à l'Ouest de l'embouchure du Var; Saint-Paul-les-Vence sur la même, communes peu considérables, On fait à Grasse un grand commerce de cuirs et de peaux.

Les îles de Lérins sont à l'Orient de ce département; celles d'Hières au Midi. Les premières sont au nombre de deux; *Saint-Honorat et Sainte-Marguerite :* les dernières au nombre de trois; *Porquerolle*, *Portocros* et l'*île du Levant*. On appelle encore les îles d'Hières *îles d'Or*, à cause des orangers qu'elles produisent. Toutes ces îles sont presque désertes.

Le département du Var est formé de la partie du Sud-Est de la Provence.

## ARTICLE IV.

### *Le Département des Bouches-du-Rhône.*

Ce département est situé entre la Méditerranée, les départemens du Var, de Vaucluse, du Gard et de l'Hérault.

On y élève des vers à soie; on y fait commerce de graine de luzerne; ses vins sont pour la plupart connus sous le nom de vins muscats; on y récolte du bled; on y élève des bêtes à laine; il produit des fruits, comme citrons, oranges, figues, prunes, etc. on pêche beaucoup de poissons sur ses côtes et dans l'intérieur, comme dans presque tous les départemens qui sont voisins de la Méditerranée, de l'Océan et de la Manche.

Le Rhône avant de tomber dans la mer, se partage en plusieurs branches qui, ne se réunissant point, ont chacune leur embouchure : on les appelle ordinairement *Bouches*; et de-là la dénomination de ce département.

L'Arc, qui sort du département du Var arrose la partie orientale de celui des Bouches-du-Rhône, passe à Aire et à Berre, et se perd dans la Mer de Martigue.

Marseille, sur la Méditerranée, est la plus ancienne commune de la France. Elle fut fondée six cents ans avant le commencement de l'Ere vulgaire par une colonie de Phocéens (peuples de Grèce). C'est une des communes les plus commerçantes de l'Europe, et une des plus riches de la France, et son port un des plus fréquentés. Les vaisseaux de toutes les nations commerçantes y apportent chaque année les richesses du Levant et des autres parties de la terre. Elle est renommée pour son savon, le meilleur dont on fasse usage en France : il s'y fait un grand débit d'huile d'olive et de vitriol : on y fait de la fayence : il y a des forges, des raffineries de sucre, des manufactures de soieries, et de tapisssseries : on y fait des toiles à voiles et des cordages.

Cassis est une petite commune maritime remarquable par la pêche du corail. La Ciotat, sur la Mer de Marseille, est renommée pour ses vins muscats. Aubagne sur la Méditerranée, n'a rien de remarquable.

Aix, sur l'Arc, est le chef-lieu du département. Elle fut fondée par les Romains, 123 ans avant le commencement de l'Ere vulgaire. C'est une des plus jolies communes de la France : on y fait un commerce considérable d'huile d'olive : on y fabrique des indiennes et de la soirie.

Berre, sur la mer de Martigue; Gardane près l'Arc; Lambesc,

Lambesc, à la droite de la Touloubre, qui se perd dans la Mer de Martigue, nommée autrement l'*Étang de Berre*, ne sont que des communes peu considérables.

Apt, sur le Calavon, et son territoire, faisaient partie du département des Bouches-du-Rhône : ils en ont été détachés et réunis à celui de Vaucluse.

Tarascon, sur le Rhône, ancienne et jolie commune vis-à-vis de Beaucaire, avec laquelle elle communique par le moyen d'un pont de bateaux.

Orgon, sur la Durance : Saint Remy, près le Rhône ; Barbantanne, sur la Durance ; Vallabregue, sur le Rhône, sont des communes peu considérables.

Arles, sur le Rhône, était la métropole des Gaules sous les Romains. Elle conserve encore aujourd'hui divers illustres monumens de son ancienne opulence.

Le département des Bouches-du-Rhône est formé d'une partie de la principauté d'Orange, et de la partie du Sud-Ouest de la Provence. La principauté d'Orange s'étendait à la gauche du Rhône, des deux côtés de l'Eygue et de l'Ouvèse. On trouvera ci-après le cours de ces deux rivières.

## ARTICLE V.

### *Le Département du Gard.*

Il est situé à la droite du Rhône près de son embouchure. Il est entouré de la Méditerranée, des départemens des Bouches-du-Rhône, de Vaucluse, de l'Ardêche et de l'Hérault.

On y récolte des grains, du vin, des olives, du kermès, de la soie : on y exploite du charbon de terre, de la couperose : on y fait de l'huile, de l'eau-de-vie; on y élève des bêtes à laine : on y trouve des mines d'or et d'argent.

Ce département doit son nom au Pont du Gard, monument superbe bâti par les Romains sur la rivière de Gardon autrefois appelée Gard. Ce pont est composé de trois rangs d'arcades élevées les unes sur les autres qui forment trois Ponts. Sur le troisième est un Aqueduc qui servait à conduire dans Nîmes les eaux de deux fontaines près d'Uzèz. Le Pont du Gard est un des plus beaux monumens de l'antiquité.

Le Gardon sort du Mont de Lozère dans les Cévennes, au Nord-Ouest d'Alais, la seule commune considérable qu'il arrose. Il traverse par le milieu le département du Gard, de l'Ouest à l'Est; puis se perd dans le Rhône, entre Avignon et Tarascon.

La Vidourle, autre Rivière de ce département, prend sa source au Nord-Est de Saint-Hippolyte qu'elle arrose ainsi que Sommières, et se jette dans le Golfe de Lyon.

Les Montagnes des Cévennes s'étendent depuis les environs de la source de la Loire jusqu'à Lodève dans le département de l'Hérault; elles traversent la partie orientale du département de la Lozère, la partie occidentale de celui du Gard, et une partie de celui de l'Hérault.

Aigues-Mortes, sur la Méditerranée, Calvisson, près le Rhône, sont des communes peu considérables.

Beaucaire, sur le Rhône. La foire qui s'y tient tous les ans, dans le courant de thermidor, lui a donné beaucoup de célébrité: c'est le rendez-vous des principaux marchands de l'Europe, du Levant et de l'Afrique. On y fabrique de la bonneterie.

Aramont, sur le Rhône; Roquemaure, sur le même fleuve, n'ont rien de remarquable.

Nimes, près le Rhône, chef-lieu du département, est une commune grande, belle et florissante. Les monumens qu'elle renferme sont une preuve de son antiquité. On y fabrique des bas de soie: il s'y fait des étoffes de soie, de filoselle, de coton, de laine.

Uzès, sur le Gardon, est une petite commune mal bâtie. Quelques manufactures de draps et de serges la rendent néanmoins florissante. Le pays des environs est abondant en vins, en huile, en châtaigniers; mais il ne produit pas assez de bled pour sa consommation.

Sommières, sur la Vidourle, est une commune importante par sa situation. On y fabrique des étamines, des serges, des camelots.

Le Vigan, près l'Hérault, est une très-petite commune, que rien ne distingue.

Saint-Hippolyte, sur la Vidourle. Il y a des taneries dans cette commune: on y fait un commerce de cuirs assez considérable. Sauves, sur la même Rivière, n'a rien de remarquable.

Alais, sur le Gardon. Cette commune, qui est située au pied des Cévennes, est assez grande, bien peuplée et riche. On y fabrique des étoffes de laine très-estimées.

Saint-Jean-de-Gardonengue, sur le Gardon, petite commune. Anduse, sur le même, est riche et commerçante.

Le Pont-Saint-Esprit, sur le Rhône. Cette commune est assez jolie et fameuse par le pont bâti sur ce fleuve en cet endroit. On y fabrique de la poterie.

Barjols, sur la Cèse petite rivière qui sort des Cévennes, et qui se perd dans le Rhône. Barjac, autre petite commune près l'Ardêche. La première de ces deux communes est située dans une vallée délicieuse.

Le département du Gard embrasse une partie du Languedoc. Cette province, dont Toulouse était la capitale, était bornée au Nord par le Lyonnais, l'Auvergne, le Rouergue et le Querci; à l'Orient par le Rhône; au Midi par le Roussillon et la Méditerranée, à l'Occident par la Gascogne. Elle était divisée en trois parties: le Haut-Languedoc vers l'Occident, le bas vers l'Orient, les Cévennes au Nord-Est. Toulouse était la ville la plus remarquable du Haut Languedoc; on y trouvait encore Montauban, capitale du Querci, qui faisait partie de ce gouvernement. Les autres villes les plus considérables étaient Albi, Castres, Lavaur, Saint-Papoul, Castel-Naudarie, Mirepoix et Rieux. Les villes principales du Bas Languedoc étaient : Aleth, Carcassone, Saint-Pons, Narbonne, Beziers, Agde, Montpellier, Nîmes, Alais et Usez. Mende était la capitale du Gévaudan, Viviers du Vivarais, le Puy du Velai. Ces trois pays formaient ce qu'on appellait les Cévennes.

## ARTICLE VI.

### *Le Département de l'Ardêche.*

Il s'étend le long du Rhône, qui le borne à l'Est: il a au Nord le département du Rhône; à l'Ouest ceux de la Haute-Loire et de la Lozère; au Midi celui du Gard.

Ce département est couvert de Montagnes. Il n'est fertile que dans les vallées: on y élève des bêtes à laine et des vers à soie: il produit des marrons, des châtaignes et autres fruits: on y trouve des eaux minérales.

L'Ardêche, dont il tire sa dénomination, a sa source dans la partie occidentale, au pied des montagnes des Cévennes, coule du Nord-Ouest au Sud-Est, arrose Aubenas, puis se jette dans le Rhône, au Pont-Saint-Esprit.

Joyeuse, l'Argentierre, Mont-Pezat et les Vans ne sont que de petites communes.

Viviers, sur le Rhône, a des manufactures de draps et d'indiennes. Villeneuve de Bergue, Rochemaure et Aubenas n'offrent rien de curieux.

Aubenas, sur l'Ardêche, est une des villes les plus considérables de ce département; elle est renommée pour ses eaux minérales.

Privas, qui en est le chef-lieu, est située à la droite du Rhône. C'est une commune médiocre.

Le Chailard, Chalançon, Vernoux, Saint-Agrève, Désaigne et Tournon n'ont rien de remarquable.

Annonay, près le Rhône. Cette commune est connue par ses manufactures de papier, qui est de la meilleure qualité. C'est la patrie de Montgolfier célèbre Aréostate.

Andace est une petite commune, qui n'est pas éloignée du Rhône.

Le département de l'Ardêche est formé de la partie orientale du Languedoc.

## ARTICLE VII.

### *Le Département de Vaucluse.*

Il est situé à la gauche du Rhône, entre ce fleuve, le département des Bouches-du-Rhône, et celui de la

Drôme. C'est un des moins étendus des départemens qui sont voisins du Rhône..

Le terroir de ce département est très-fertile; il produit du bled, du vin et beaucoup de fruits excellens.

La fontaine de Vaucluse qui donne son nom à ce département, sort d'un antre profond, au pied d'un rocher escarpé, qui s'élève fort haut. Cet antre, ouvrage de la nature, paraît avoir cent pieds de largeur, et environ autant de profondeur. On peut dire que c'est une double caverne, dont l'intérieur a plus de soixante pieds de haut, sous l'arc qui en forme l'entrée; l'intérieur n'en a pas tout-à-fait la moitié. C'est de cette seconde que sort la fontaine, comme une nappe d'eau très-belle, dont la crue imperceptible fournit sans cesse et sans s'épuiser. Ce n'est qu'à quelques pas hors de la première caverne que l'eau trouvant une pente considérable, se précipite avec force entre des rochers, écume avec fracas, jusqu'à ce que, trouvant un lit plus uni et plus profond, elle coule tranquillement et forme une rivière, qui se partage en plusieurs bras; qui, après avoir reçu plusieurs ruisseaux, se réunissent et vont se jetter dans le Rhône, environ à un myriamètre d'Avignon, sous le nom de rivière de *Sorgue*.

Pétraque, qui en 1327, avait conçu un amour violent pour *Laure de Noves*, surnommée la *Belle*, vint s'enfermer dans une maison de campagne sur la pointe d'un rocher, à quelque distance au-dessous de la caverne de Vaucluse. Son amour pour Laure l'y suivit. Il célébra les vertus, les charmes de sa maîtresse; immortalisa Vaucluse, Laure, et s'immortalisa lui-même. On dit que Laure avait sa maison sur une autre pointe du rocher, assez près de son amant, mais séparée par un vallon profond, et que l'on en voit encore les masures, appellées *les Châteaux* des amans.

L'Eygues arrose la partie du Nord-Est de ce département. Elle prend naissance au Nord de la Motte, dans le département de la Drôme, y arrose Nyons, et se perd dans le Rhône, vis-à-vis de la *Ceze*, petite rivière qui arrose la partie orientale du département du Gard.

L'Ouvèze, autre rivière du département de Vaucluse, sort aussi du département de la Drôme. Elle traverse d'une extrémité à l'autre le premier de ces départemens, et se jette également dans le Rhône.

Avignon, sur le Rhône, est une commune ancienne et médiocrement grande. On y fabrique des gants de peau, dont on fait un grand commerce. Elle est le chef-lieu du département.

Carpentras est une jolie commune, quoiqu'ancienne Vaison n'offre rien de curieux.

Orange, sur l'Eygues, est une commune assez considérable. On y voit des restes d'antiquités, et sur-tout un arc de triomphe presqu'entier. Il a été erigé en mémoire de la victoire de Marius et de Catule sur les Cimbres. Il n'y a pas à Rome même d'arc de triomphe aussi grand et aussi magnifique.

Apt, sur le Calavon, est une commune très-ancienne, et passablement grande.

Le département de Vaucluse embrasse une partie de la principauté d'orange et le Comtat Venaissin, qui appartenait au pape.

## ARTICLE VIII.

### *Le Département de la Drôme.*

Il est borné au Midi par le département de Vaucluse; à l'Orient par ceux des Hautes et Basses-Alpes et par celui de l'Isère; au Nord par celui-ci encore; à l'Occident par le Rhône.

Ce département produit du bled, des vins très-recherchés, du bois, des fruits comme citrons, oranges, figues, amandes, olives, raisins secs, capres: on y élève des vers à soie: on y trouve des mînes de fer, de cuivre, de plomb, d'or et d'argent.

La Drôme, dont ce département tire sa dénomination, prend sa source à l'entrée de la vallée de Valdrôme, sur les confins de ce département et de celui des Hautes-Alpes. Elle passe à Die, à Crest et à Livron. C'est un torrent furieux qui cause souvent de grands ravages. Il se décharge dans le Rhône, au-dessous de Valence.

Nyons, sur l'Eygues, commune ancienne, située dans une vallée délicieuse. Le Buis sur l'Ouvèze, petite commune.

Montelimar, sur le Rhône, est une jolie commune bien peuplée et marchande, dans une position charmante.

Dieu-le-Fit, près le Rhône; Saillans, sur la Drôme; Crest ou le Crest, sur la même, sont de petites communes qui n'offrent rien d'intéressant.

Die, sur la Drôme; son ancienneté est attestée par les restes d'antiquités Romaines, qui s'y trouvent.

Valence, sur le Rhône, chef-lieu de ce département est ancienne, mais mal bâtie: sa situation est charmante.

Chabeuil, près du Rhône, et Livron, petites communes.

Romans, sur l'Isère, jolie petite commune et très-commerçante. Elle fut d'abord chef-lieu de ce département.

Thain, sur le Rhône. On y fait un grand commerce de porcelaine. Le côteau de l'hermitage, qui produit des vins si recherchés, est voisin de cette commune.

Le département de la Drôme est formé de la moyenne partie du Dauphiné. Cette province, dont Grenoble était la capitale, avait au Nord la Savoye et la Bresse; à l'Orient les Alpes; au Midi la Provence; à l'Occident le Lyonnais et le Vivarais. Il était divisé en haut et en bas; le haut à l'Orient, le bas à l'Occident.

Les villes les plus considérables du Haut-Dauphiné étaient Grenoble, le Buis, Gap, Embrun et Briançon: celle du bas étaient Vienne, Romans, Valence, Montelimar et Die.

Tout le monde, dit un Géographe moderne, a entendu célébrer les merveilles du Dauphiné. Ce sont des singularités auxquelles un examen rigoureux a fait perdre tout le merveilleux.

1°. *La Tour sans venin* est une masure où vivent les insectes vénimeux: quoique le peuple du pays s'imagine ridiculement qu'ils ne peuvent y subsister. Un misérable jeu de mot a fait tout le miracle. *La Tour de Saint-Verin* a été appellée par corruption, *la Tour sans venin* et de-là la merveille.

2°. *La Montagne inaccessible* n'est qu'un rocher escarpé, planté sur une montagne.

3°. *La Fontaine ardente* est un terrein inflammable qui jette de la fumée et des flammes. C'est un objet d'histoire naturelle très-curieux.

4°. *Les Cuves de Sassenage* sont deux bassins creusés par la nature, au sujet desquels on a débité mille absurdités. On croyait que ces cuves vuides toute l'année n'étaient pleines que le jour des rois où elles se remplissaient miraculeusement.

5°. *La Manne de Briançon* est un suc que l'on recueille sur la feuille du Mélèze.

6°. *Le Pré qui tremble* est une île flottante composée d'herbes et de roseaux auxquels s'est attaché quelque limon.

7°. *La Fontaine vineuse* est une eau minérale dont la saveur est un peu aigre.

8°. *La Grotte de Notre-Dame de la Balme* offre des congélations curieuses.

## ARTICLE IX.

### *Le Département des Hautes-Alpes.*

Il a au Midi le département des Basses-Alpes; les Alpes à l'Orient; le département du Mont-Blanc et celui de l'Isère au Nord; celui de la Drôme à l'Occident.

On trouve dans ce département des vallées abondantes en grains, et sur-tout en pâturages, des eaux minérales, des mines de fer, de cuivre, de plomb, d'or et d'argent; il produit du bois; on y élève des vers à soie.

Le Buech et le Drac sont, après la Durance, les rivières les plus considérables de ce département.

Le Buech a sa source au Nord-Ouest de Gap, il passe à Serres, arrose une partie du département de la Drôme; puis se jette dans la Durance à Sisteron.

Le Drac prend sa source au Nord-Est d'Embrun. Il traverse une partie du département de l'Isère; puis se perd dans la rivière de ce nom au-dessous de Grenoble, après avoir arrosé Saint-Bonnet.

Serres, sur le Buech, est une petite, mais jolie commune que son commerce et ses manufactures de chapeaux soutiennent avantageusement.

Gap, sur la *Bene*, petite rivière qui prend sa source dans son voisinage, et qui se rend dans la Durance. Cette commune est située dans une vallée abondante en grain et en pâturages. Elle est le chef-lieu du département.

Tallard, sur la Durance; Lesdiguierres, sur le Drac, Saint-Bonnet, sur le même, communes peu considérables.

Embrun, sur la Durance, est une commune forte par sa situation naturelle.

Guillestre, près l'Ubaye, est un passage conséquent dans les montagnes du Piémont. Mont-Dauphin est une Place Forte enclavée dans les Alpes.

Briançon, sur la Durance, est une commune ancienne et très-forte. Les montagnes, dont cette place est entourée, sont garnies de forts, qui la rendent presqu'imprénable. Le *Mont-Genèvre*, où est le passage le plus commode et le plus fréquenté de Alpes, est à l'Orient de Briançon. On recueille auprès de cette commune, la manne dont nous avons parlé dans l'article précédent. Cette manne tombe la nuit, et se fond aux premiers rayons du soleil: elle n'est jamais plus abondante que quand les chaleurs sont excessives.

Queyras petite commune qui donne son nom à une vallée couverte de neige pendant tout l'hiver, mais qui, dans la belle saison, offre un spectacle intéressant.

Sisteron, sur la Durance, est une commune assez peuplée et défendue par une bonne Citadelle.

Le département des Hautes-Alpes embrasse la partie orientale du Dauphiné, avec une partie de la Provence.

## ARTICLE X.

### *Le Département du Mont-Blanc.*

Ce département s'étend, du Midi au Nord, depuis celui des Hautes-Alpes jusqu'à celui du Leman. Il est borné à l'Est par le marquisat de Suze, le Duché d'Aost et une partie du Valais; à l'Ouest par les départemens de l'Ain et de l'Isère.

Il est tout couvert de hautes montagnes, qui sont presque toujours couvertes de neige, il y fait très-froid pendant la plus grande partie de l'année; ce qui est cause que le terrein n'y est en général guères fertile, excepté en quelques cantons, où l'on recueille assez de bled et de vin.

Ce pays est la première conquête de l'armée d'Italie sur le roi de Sardaigne. Le *Mont-Blanc*, qui donne son nom à ce département, est ainsi appelé parce que son sommet est toujours couvert de neige. C'est une haute montagne située sur les confins de ce département et du Piémont : sa plus grande étendue est du Sud au Nord. Le *Mont-Cénis*, ce Mont fameux, qui aurait arrêté long-tems toute autre qu'une armée républicaine, est au Sud-Ouest de ce département.

L'Arve et l'Arche sont deux rivières de ce département. Elles y prennent toutes deux leur source. La première arrose St.-Jean-de-Maurienne, et se perd dans l'Isère. La seconde en arrose la partie septentrionale, baigne Cluse et la Bonne-Ville, et se décharge dans le Rhône, au-dessous de Genève.

Saint-Jean-de-Maurienne, et Monstiers en Tarentaise, sont des communes peu considérables, mais peuplées.

Chamberri, chef-lieu du département, à la droite de l'Isère. est une commune bien bâtie, et médiocrement grande.

Montmélian, au Sud-Est de Chamberri, avec un fort Château. Aux environs de cette commune croît le meilleur vin de Savoye.

Annecy, sur le lac de même nom; Cluses, la Bonne-Ville, Thonon et Evian n'ont rien de remarquable.

La Savoye, dont ce département est formé, était bornée au Nord par le lac de Genève qui la séparait de la Suisse; à l'Occident par la France, et en particulier par la Bresse, qui pendant un tems en a fait partie, et par le Dauphiné; au Midi, par le Dauphiné encore; et à l'Orient par le Piémont et le Valais Elle était divisée en six parties, le Genevois, le Chablais, le Faucigny, la Savoye propre, la Tarentaise et la Maurienne.

## ARTICLE XI.

### *Le Département de l'Isère.*

Ce département est située entre ceux de la Drôme, des Hautes-Alpes, du Mont-Blanc, de l'Ain et du Rhône. Il produit du bled, du vin, du bois; on y exploite du charbon de terre; on y fabrique du fer et de l'acier: on y trouve des mines de cuivre et de vitriol.

L'Isère dont ce département tire sa dénomination, sort du *Mont Isérano* dans le département du Mont-Blanc, dont elle arrose la partie méridionale. Elle traverse par le milieu, du Nord-Est au Sud-Ouest, le département qui lui doit son nom, et la partie septentrionale de celui de la Drôme, passe à Monstiers, à Montmélian, à Grenoble et à Romans.

La Romanche arrose la partie du Sud-Est de ce département; la Bourbe celle du Sud-Est.

La

La Romanche sort des Alpes, traverse la partie septentrionale du département des Hautes-Alpes, arrose la Grave, Oysans et Visille; puis se perd dans le Drac, à droite.

La Bourbe a sa source près de Virieu, arrose la Tour-du-Pin, et se décharge dans le Rhône, à gauche.

Grenoble, sur l'Isère, est le chef-lieu de cedépartement. C'est une commune très-ancienne, où l'on fabrique beaucoup de gants de peaux très renommés, et des draps.

La Grande-Chartreuse, qui était le chef-lieu de l'ordre des Chartreux, est à un myriamètre et demi de Grenoble. Quoique cette solitude soit affreuse par les montagnes et les précipices qui l'environnent, on n'y manquait cependant de rien.

Sassenage, sur l'Isère, est une petite commune fort renommée pour ses excellens fromages. Voreppe, sur la même rivière; et Voiran, près le Rhône, ne sont pas considérables.

Le Fort-Barraux, près l'Isère, servait de boulevard à la France du côté de la Savoye. Allemont est célèbre par une mine d'argent qui se trouve dans les environs. Il y a des mines de fer fort abondantes dans le voisinage d'Allevart.

Saint-Marcellin, sur l'Isère, est une petite, mais très-jolie commune, dont le territoire produit d'excellens vins. Pont-en-Royans ; Moirans, près le Rhône ; la Tour-du-Pin, sur la Bourbe ; Bourgoin, près le Rhone ; Crémieu, sur ce fleuve ; Quirieu, sur l'Isère, ne sont pas des communes bien considérables.

Le pont de Beauvoisin servait de limites à la France et à la Savoye. La rivière de *Guyer-Vif* la partage en deux parties, dont l'une appartenait à la première, l'autre à la dernière.

Vienne, sur le Rhône, une des plus anciennes villes des Gaules, est aujourd'hui une commune médiocre. La côte Saint-André, si renommée pour ses excellens vins, n'est pas éloignée de Vienne.

Le département de l'Isère occupe la partie septentrionale du Dauphiné.

## ARTICLE XII.

### *Le Département du Rhône.*

Il n'y eut point d'abord de département de ce nom. Le pays qu'il occupe, faisait partie du département de Rhône-et-Loire. Celui-ci, par un décret du 29 Brumaire de l'an 2 a été divisé en deux ; celui du Rhône, et celui de la Loire.

Le département du Rhône est situé à la droite de ce fleuve, et de la Saône entre ceux de l'Ardèche, de la Loire, et de Saône-et-Loire. On y récolte des grains, du vin, des marrons, des châtaignes; il produit du bois; on y exploite du charbon de terre, des pierres à éguiser; on y éleve des porcs et des bêtes à laine.

Lyon, sur le Rhône, chef-lieu de ce département, est, après Paris, la commune la plus considérable de la France. Elle est si ancienne, que l'on ignore la date précise de sa fondation. Les Romains l'avaient décorée d'une infinité d'ouvrages magnifiques, dont on admire encore les restes. Elle fait un commerce immense; on y fabrique des étoffes de soie, d'or et d'argent, des chapeaux; il y a des papeteries.

La Campagnes de Lyon renferme plusieurs petites communes, parmi lesquelles on distingue Coudrieux, qui est si renommée pour ses bons vins.

Villefranche, sur le Rhône. Cette commune n'est composée que d'une belle et grande rue. Beaujeu, près la Saône; Belleville, sur cette rivière; Yoint, près le Rhône; Châtillon, près le même, sont, apres Lyon, les communes les plus remarquables de ce département.

Le département du Rhône est formé de la partie du Lyonnais qu'on appellait le Beaujolois et le Lyonnais propre, qui s'étendaient du Sud au Nord le long du Rhône.

Le Lyonnais avait au Nord, la Bourgogne; à l'Orient la Bresse et le Dauphiné en partie; au Midi le Velai; et à l'Occident, l'Auvergne et le Bourbonnois. il comprenait le Lyonnais propre, le Forez, et le Beaujolois. Lyon était la capitale du Lyonnais propre et de toute la Province : Montbrison l'était du Forez, Villefranche du Beaujolois.

## ARTICLE XIII.

### *Le Département de l'Ain.*

Il est situé entre le Rhône, qui le borne au Midi; la Saône, qui le sépare du département du Rhône, et de celui de Saône-et-Loire en partie; entre le département du Jura et celui du Mont-Blanc et celui du Léman.

Le terroir de de ce département est en général tres-fertile; il produit du vin, et abonde en pâturages.

Ce département était autrefois plus étendu qu'il ne l'est actuellement, parce qu'on en a détaché quelques cantons pour former l'arrondissement de celui du Léman.

L'Ain, qui lui donne son nom, est une rivière assez considérable qui sort du Mont-Jura. Elle coule du Nord-Est au Sud-Oüest, et se rend dans le Rhône, à deux myriamètres et demi au-dessus de Lyon. Il n'y a presqu'aucunes communes remarquables sur ces bords.

Trevoux, sur la Saône; Montluel, pres du Rhône; Chalamont, près l'Ain; Toissey à peu de distance du Rhône, ne sont pas des communes bien considérables. Montluel est situé au pied d'une colline; son commerce consiste en grains et en chanvre.

Belley, à la droite du Rhône, est une commune agréablement située entre deux côteaux; dans une contrée fertile.

Saint-Rambert *Le Joux*; près d'une branche du Mont-Jura; Amberieux et Ambronay, près l'Ain, Saint-Sorlin, sur le Rhône; et Lagneu petites communes qui n'offrent rien de remarquable.

Nantua, près du Mont-Jura, entre deux montagnes, est une commune peu considérable, n'étant composée que d'une grande rue. Châtillon *de Michaille*, près l'Ain, était la capitale du petit pays appelé *le Mont-de-Michaille*.

Châtillon-les-Dombes, près la Saône. Cette commune, qui est située dans un vallon, fait un gros commerce de vins. Pont-de-Veyle est une petite commune sur la *Veyle*, rivière peu considérable qui se perd dans la Saône.

Bourg, chef-lieu du département, sur une petite rivière à la droite de l'Ain, est une commune passablement grande, située partie en plaine, partie sur le penchant d'une colline. Elle fait un commerce assez considérable de bestiaux. Montrevel, près la Saône, petite commune.

Pont-de-Vaux, à la gauche de la Saône. Cette commune est bâtie dans une plaine riche et fertile. Elle est dans un pays abondant en excellens pâturages. Baugé, près de la même rivière, St.-Trivier de Courtoux petites communes.

Le Département de l'Ain est formé de la partie orientale du Lyonnais, d'une partie de la Bresse, des baillages de Gex et de Valromey en partie, et de la partie méridionale de la Franche-Comté. La Bresse avec le Bugey, dépendaient du gouvernement de Bourgogne : elles étaient autrefois aux ducs de Savoye : elles furent cédées en 1601, à Henri IV, en échange du Marquisat de Saluces, que ces ducs avaient usurpé sur la France. Les Baillages de Gex et de Valromey, étaient encore de ce gouvernement, comme dépendans de la Bresse ; et du Bugey. Bourg était la capitale de la Bresse ; Belley du Bugey. Gex était le lieu le plus remarquable du Baillage de son nom ; l'Ecluse de celui de Valromey.

## ARTICLE XIV.

### *Le Département du Léman.*

Il est situé entre les départemens du Mont-Blanc et de l'Ain, et entre l'Helvétie et le Valais. Il est formé du territoire de la République de Genève, et de différentes communes qu'on a détachées des départemens du Mont-Blanc, et de l'Ain, avec leur territoire.

Le territoire de la Républiquc de Genève n'était pas fort étendue. Il est situé à l'extrémité du lac Léman, *Lemanus Lacus*, (le lac de Genève).

La République de Geneve s'est donnée à la France le 26 germinal, an 6. Elle a été érigée en département le 8 fructidor de la même année.

Le gouvernement de la République de Genève était aristocratique. Le peuple était partagé en plusieurs classes. On flétrissait du nom de *Sujets* tous ceux qui étaient nés à la campagne, ou qui y avaient leurs possessions, les étrangers qui avaient obtenus la permission de demeurer dans la ville ou sur le territoire; n'étaient que *Domiciliés*, et avec quelques privilèges de plus, *Habitans*. Les enfans d'un habitant étaient *Natifs*.

Il y avait deux autres classes privilégiées: celles des *Citoyens* et des *Bourgeois*. Ce nom de citoyen, qui, dans une République, doit être commun à tous les individus dont elle se compose, était donné exclusivement à ceux qui étaient nés dans la ville même d'un *bourgeois* ou d'un *citoyen* (il faut prendre ce dernier mot dans le sens impropre qu'on lui attribuait); mais l'on était que bourgeois si l'on était né hors de Genève.

Les deux classes de citoyens et de bourgeois avaient seules toute l'autorité, ayant seules le droit de voter dans l'assemblée générale du peuple. Les membres du Conseil des Vingt-Cinq qu'on nommait

Sénat, ne pouvaient être pris que dans la classe des *citoyens*; et ceux du Conseil des Deux-Cents l'étaient en partie dans cette classe et dans celle des Bourgeois.

Le Pouvoir Législatif, Exécutif et Administratif, appartenait en partie au Conseil des Vingt-Cinq et en partie à celui des Deux-Cents; et, comme les membres des deux classes ne pouvaient être admis ni dans l'un ni dans l'autre, ils n'avaient aucune part au Gouvernement. Ces distinctions injustes et avilissantes, devaient faire naître, et firent naître en effet un mécontentement général. L'aristocratie fit envain pendant long-tems, les plus grands efforts pour l'étouffer, et pour appaiser les troubles sans cesse renaissans, qui en étaient la suite inévitable. Il devait éclater et il il éclata en effet au commencement de 1791. La République se trouva divisée en deux partis, celui des habitans de la Cité, et celui des habitans de la Campagne : de part et d'autres on prit les armes : l'année suivante les progrès rapides des armées républicaines dans la Savoye donnèrent l'éveil aux classes opprimées, et firent frémir l'aristocratie. Les espérances du peuple augmentèrent en raison de la peur des *Magnifiques*. (c'est le titre fastueux que prenaient les membres du Conseil Souverain). Envain pour en imposer aux amis de la liberté, ordonnèrent-ils qu'un corps de seize-cents Suisses serait introduit dans la ville. Cette fausse démarche ne fit qu'irriter davantage le peuple de la campagne. Ce fut inutilement que, quelques tems après, les Magnifiques, pour éloigner le danger qui les menaçait, firent semblant de vouloir restituer au peuple les droits qu'il reclamait. En les lui rendant on laissait entrevoir des restrictions contraires à l'Égalité. Les citoyens (il faut prendre ici ce mot dans son acception naturelle), long-tems opprimés, étaient en défiance. Ils voulaient devoir la liberté non à la bienveillance des aristocrates, mais à leurs propres forces; ils voulaient une révolution et non des concessions; ils n'attendaient qu'une circonstance favorable; elle se présenta.

Dans la nuit du 4 au 5 décembre 1792, une sentinelle crie à un passant : *qui-va-là? Citoyen libre*, répond celui-ci. La Sentinelle fait feu, et tue le citoyen. Cet événement irrite le peuple : une grande insurrection éclate le matin : la multitude s'empare de l'arsenal, prend les armes, se rend maîtresse des portes de la ville. Les aristocrates fuient : quelques personnes périssent dans ce tumulte. Le 13 du même mois quatre ou cinq cents Genevois parcourent toute la ville, le bonnet de la liberté sur la tête, un fusil sur l'épaule, ou le sabre à la main, marchant dans le plus bel ordre, au son alternatif d'une musique militaire qui joue des airs patriotiques; et la liberté que les Genevois ont si long-tems cherchée en vain, se fixe à la fin parmi eux. Les principes triomphent et l'aristocratie n'est plus.

Les événemens qui suivirent cette révolution, firent voir aux Genevois que leur liberté ne serait jamais assurée tant qu'ils resteraient isolés et abandonnés à eux mêmes ; car ils avaient toujours lieu d'appréhender que l'aristocratie ne fit quelque jour de nouveaux efforts pour leur redonner des fers ; et ce fut ce qui les détermina à s'unir à la grande nation.

Le département du Léman embrasse avec le territoire de Genève la partie du Nord-Est du département de l'Ain. Gex et Fernay-Voltaire, avec leur territoire et plusieurs autres communes voisines sont les communes les plus distinguées de celui-ci, qui fassent partie du département du Léman. Il embrasse encore toute la partie septentrionale de celui du Mont-Blanc. Thonon, Evian, Carouge, Cluses, la Bonne-Ville sont les communes les plus remarquables du département du Mont-Blanc, qui entrent dans la formation du département du Léman, en sorte qu'il s'étend jusques vers le lac d'Anney, et assez près des sources de l'Arc.

Genève, sur le lac Léman, chef-lieu. C'est une grande commune très-riche et très commerçante. Elle a donné naissance et a servi de retraite à une infinité de grands hommes, parmi lesquels Jean-Jacques Rousseau tient un rang distingué. Les services qu'il rendit à sa patrie n'empêchèrent pas qu'il n'y fût persécuté. Ses principes ne pouvaient guères s'accorder avec les prétentions d'un gouvernement oppresseur, qui, déguisant la tyrannie sous le nom de gouvernement républicain qu'il avait usurpé, pesait violemment sur toutes les classes dont les membres ne pouvaient parvenir à obtenir le titre de Magnifiques. Voltaire habita long-tems près de Genève, et plus heureux que Rousseau, il n'échappa que par ses relations et ses richesses aux persécutions que lui avait attirées son génie.

## ARTICLE XV.

### *Le Département du Jura.*

Il a au Midi le département de l'Ain; l'Helvétite et le département du Doubs à l'Orient; celui de la Haute Saône au Nord; ceux de la Côte-d'Or et de Saône-et-Loire à l'Orient.

On récolte du vin dans ce département; on y fait de l'eau-de-vie; on y exploite du sel et du plâtre; on y élève des chevaux et des mulets; il produit du bois; il y a des mines de fer, de cuivre, de plomb.

Le Mont-Jura, qui lui donne son nom, est une haute montagne qui se prolonge du Sud-Ouest au Nord-Est, et qui se partage en plusieurs branches, dont une va joindre les montagnes des Vosges.

La fameuse Abbaye de Saint-Claude était située au pied du Mont-Jura. La Commune qui porte ce nom lui doit son origine. L'autorité de l'abbé de St.-Claude ne s'étendait pas seulement par ses moines, il en exerçait un bien tyrannique sur tous les habitans du Jura, qu'il tenait dans le plus dur esclavage : ils étaient Serfs ! !

Il est assez difficile de concevoir comment des abbés et des moines, qui faisaient semblant de renoncer au monde, ont pu venir à bout d'asservir ainsi les peuples. Il fallait que l'abbé de St.-Claude et ses moines tinssent fortement à ce régime barbare que leurs prédécesseurs avaient eu l'astuce d'établir dans le Jura, puisqu'au commencement de la révolution, ils jouissaient encore de tous les privilèges abusifs consacrés par le régime féodal, et qu'ils n'avaient pas encore pu prendre sur eux de donner la liberté à ce qu'ils appellaient leurs vassaux.

Arinthot, près l'Ain; Saint-Claude, Saint-Julien, Oigny, Moyrans, et Orgelet aux environs de la même rivière, sont des communes peu considérables.

On faisait autrefois à Lons-le-Saunier un commerce considérable de sel. Le nom qu'elle porte l'indique assez. Cette commune est dans un pays hérissé, de montagnes, entre lesquelles il se trouve quelques vallées assez fertiles.

Cousance n'a rien de remarquable. Il y avait à Clairvaux une fameuse abbaye de Bénédictins qui avait des revenus immenses.

Poligny, près l'Ain, est une très-jolie commune située dans un pays excellent. Arbois est renommé pour ses excellens vins.

Salins près de Doubs, est une commune considérable, bâtie entre deux montagnes très-resserrées. La grande Saline, qui donne de la célébrité à Salins, est au milieu de la Commune : elle fournit du sel abondamment.

Dôle, sur le Doubs, chef-lieu. Cette commune, qui sst située dans une vallée agréable, est grande, belle et ancienne. On y voit des vestiges des monumens érigés par les Romains.

Au Nord-Est de Dôle, et près du Doubs, est une grotte fort singulière par ses congélations qui représentent des colonnes qui semblent être faites exprès pour soutenir la voûte d'un salon qu'on y voit : il y a des sspèces de statues et de figures de toutes sortes : il s'y fait une transformation continuelle ; et ce qu'on y voit un jour est toute autre chose huit jours après.

Le département du Jura occupe la partie méridionale de la Franche-Comté, une partie de la Bresse et la partie du Sud-Est de la Bourgogne. La Franche-Comté était bornée au Nord par la Lorraine, à l'Orient par la principauté de Montbéliard et la Suisse, au Midi par la Bresse, à l'Occident par la Bourgogne et la Champagne. Elle était partagée en quatre grands baillages, savoir d'Amont, au Nord; de Besançon et de Dôle, au milieu ; d'Aval au midi. Vesoul était la ville la plus considérable du baillage d'Amont ; Besançon de celui de son nom ; Dôle de celui de ce nom ;

Salins, Arbois, Poligny, Lons-le-Saulnier, Saint-Claude et Pontarlier étaient renfermés dans le baillage d'Aval.

## ARTICLE XVI.

### *Le département du Doubs.*

Il est situé entre le département du Jura, et celui de la Haute-Saône et l'Helvétie. Il produit des grains, du vin et du bois : on y exploite des mines de charbon de terre, des carrières de marbre et d'ardoise: on y fabrique du fer.

Le Doubs auquel ce département doit son nom, sort du Mont-Jura, cotoye cette montagne, traverse d'une extrémité à l'autre le département qui en tire sa dénomination, passe près de Montbéliard, revient ensuite arroser la partie du Sud-Ouest du même département et la partie septentrionale de celui du Jura, passe à Besançon et à Dôle, et se décharge ensuite dans la Saône, au-dessus de Châlons.

Le Doubs reçoit à gauche, au-dessous de Dôle ; la *Loue* qui a sa source au Sud-Est de Villafans. Elle traverse la partie occidentale du département du Doubs et la partie septentrionale de celui du Jura.

Pontarlier, sur le Doubs, à peu de distance de sa source, est un passage très-commode et très-fréquenté pour aller en Helvétie. Il y a des fabriques de fusils, de papier, de fayance brune.

Ornans, sur la Loue, petite commune dans un pays de montagnes. On voit près d'Ornans un puit qui croît tellement dans les grandes pluies, que malgré sa profondeur, il régorge extraordinairement, et jette une grande quantité d'une espèce de poissons qu'on appelle *Ombres*.

Besançon, sur le Doubs, est le chef-lieu de ce département. Cette commune, est ancienne, grande et très-forte. On y fabrique des bas et de la teinture; Il y a des papeteries. La citadelle, construite sur un rocher qui domine la commune, est regardée comme une des plus fortes de la France.

Baume-les-Dames, sur le Doubs, au Nord-Est de Besançon, n'a rien de remarquable.

Saint-Hippolyte, au Confluent de la *Desouvre* et du Doubs, est situé sur les confins de ce département et de celui du Mont-Terrible.

Le Département du Doubs embrasse la partie orientale de la Franche-Comté.

## ARTICLE XVII.

### *Le département de la Haute-Saône.*

Ce département est borné au midi par celui du Jura et par celui du Doubs; à l'Orient par ceux du

Mont-Terrible et du Haut-Rhin; au Nord par celui des Vosges; à l'Occident par ceux de la Haute-Marne et de la Côte-d'Or.

Il produit du bled et du bois; il abonde en vins, en fruits, en sel; on y élève de fort bons chevaux; on y trouve des mines de fer.

La Saône lui donne son nom. Elle prend sa source dans le département des Vosges, à l'Orient de Darnay, assez près de Plombierres. Elle traverse, du Nord-Est au Sud-Ouest, la partie occidentale du département de la Haute-Saône, la partie orientale du département de la Côte-d'Or, et de celui de Saône-et-Loire, sépare la partie septentrionale du département du Rhône de celui de l'Ain, passe à Gray, à Saint-Jean-de-Losne, à Châlons, à Macon, à Trévoux, puis se décharge dans le Rhône à Lyon.

De son nom seul cette rivière le donne à celui de la Haute-Saône; de son nom réuni à celui de la Loire, elle le donne à celui de Saône-et-Loire.

Les autres rivières qui arrosent ce département sont l'Oignon, le Durgeon et l'Amance. Elles se rendent toutes trois dans la Saône.

L'Oignon sort des montagnes des Vosges, passe près de Lure, et cotoye le département du Doubs.

Le Durgeon a sa source au Nord-Ouest de Vesoul, et arrose cette commune.

L'Amance

L'Amance prend la sienne au Nord-Ouest de Coiffry, et baigne Jussey.

Gray, sur la Saône, est une commune très-peuplée, où il se fait un grand commerce de bled. Pesme n'a rien de remarquable.

Vezoul sur le Durgeon, est le chef-lieu du département. Cette commune est située dans un pays fertile en bled et abondant en pâturages. Les vignobles des environs fournissent d'assez bons vins.

A l'Orient de Vezoul, dans la commune de *Leugne*, est une caverne singulière qui est une glacière naturelle inépuisable, et où un jour de chaleur produit plus de glace qu'on n'en ôte en huit. Cette caverne a trente-cinq pas de profondeur, sur soixante de large et une espèce de voûte de plus de cinquante pieds de haut. Il pend de cette voûte de très-gros morceaux de glace, qui font un très-bel effet : mais la plus grande abondance de glace vient d'un petit ruisseau qui occupe une partie de la caverne. Il est glacé en été et coule en hiver. Quand il y a quelques brouillards dans cette caverne, c'est une marque presque certaine de pluie pour le lendemain, et les habitans des environs viennent consulter cet almanach naturel.

Mont-Boson; Pont sur Saône; Savernay, près la Saône, petites communes.

Jussey, sur l'Amance. Cette commune est située

dans un pays abondant en excellens pâturages. Le commerce de bestiaux y est assez considérable. Lure, près l'Oignon, est une petite commune située dans les montagnes au milieu des bois.

Luxeuil, sur l'*Angrone*, petite rivière qui se perd dans le Doubs à gauche, a des eaux minérales chaudes dans ses environs. Faucigny, petite commune.

Le département de la Haute-Saône est formé de la partie septentrionale de la Franche-Comté, de la partie du Sud-Est de la Champagne, de la partie méridionale de la Lorraine, et de la partie du Nord-Est de la Bourgogne. On trouvera ci-après la situation de ces trois dernières provinces.

## ARTICLE XVIII.

### *Le Département du Mont-Terrible.*

Les terres de l'évêché de Bâle le bornent au Sud et à l'Est; le département du Haut-Rhin au Septentrion, celui de la Haute-Saône au Couchant.

Ce département n'est pas fort étendu; il est tout couvert de hautes montagnes, entre lesquelles on trouve de bons pâturages; ses collines et ses vallées sont fertiles en grains.

Le Mont-Terrible, attenant au Mont-Jura, est ainsi appelé à cause de ses rochers escarpés.

Mandeure et Saint-Ursane, sur le Doubs, Bienne,

Delemont et Lauflen, sont, après Porentru, les communes les plus considérables de ce département.

Porentru en est le chef-lieu. C'est une belle commune sur l'*Hallen* ou *Allan*, qui prend sa source au Sud-Est. Cette rivière se réunit à une autre nommée la *Rigole*, à Mont-Béliar. Elles se perdent dans le Doubs.

Le département du Mont-Terrible est formé d'une partie des terres de l'évêché de Bâle. La réunion d'une partie de cet évêché, sous le nom de département du *Mont-Terrible*, fut prononcée par la Convention Nationale le 23 mars, 1793 (v. s.)

## ARTICLE XIX.

### *Le Département du Haut-Rhin*.

Il est situé entre le département du Mont-Terrible, le Rhin, le département du Bas-Rhin, les montagnes des Vosges qui le séparent du département de même nom, et le département de la Haute-Saône.

Ce département produit du grain et du vin: on y trouve des mines de fer et d'argent: les dernières sont aux environs de Sainte-Marie-aux-Mines qui leur doit son nom: il produit aussi du bois: on y élève des bêtes à cornes.

Les principales rivières de ce département sont, la Soër et l'Ill.

La Soër sort des montagnes des Vosges, arrose Saverne et se perd dans le Rhin.

L'Ill a sa source dans la partie méridionale de ce département, le traverse en entier, ainsi qu'une partie de celui du Bas-Rhin, passe à Mulhausen, dans le premier de ces deux départemens, à Schélestat, à Bénfeld et à Strasbourg dans le second, et se décharge aussi dans le Rhin.

L'Ill reçoit la *Lergue* et beaucoup d'autres petites rivières qui n'ont aucunes communes remarquables sur leurs bords. La Lergue prend sa source sur les confins du départemeut du Haut-Rhin et de celui du Mont-Terrible.

Huningue, petite commune, mais très-forte, sur la rive gauche du Rhin; à peu de distance de Bâle qui est sur le même fleuve. Alkirc près l'Ill.

Mulhausen, Sur l'Ill. Cette commune, qui dépendait de la Suisse, s'est donnée à la France, avec son territoire, le quatorze nivôse, an six.

Belfort, à peu de distance des Vosges; Giromagny près des mêmes montagnes; Masvaux, Thann, ne sont pas des communes considérables. Il y a des mines de fer très abondantes aux environs de Giromagny et de Masvaux.

Colmar, près l'Ill, est le chef-lieu de ce département, place forte; c'est une belle et grande commune qui a des manufactures d'indiennes.

Kayserberg, sur la *Wets*, petite rivière qui se perd dans l'Ill; Saint-Hippolyte, près de cette dernière rivière, Oberbckeim, Ribauviller, Turckeim, Munster, près la même, sont des communes peu considérables, qui n'offrent rien de curieux. On récolte d'excellens vins aux environs de Kayserberg.

Neuf-Brissac, place très-forte sur le Rhin, vis-à-vis du Vieux-Brissac. Ses rues sont tirées au cordeau.

Ruffach, près l'Ill; Ensisheim sur cette rivière, petites communes.

Le département du Haut-Rhin embrasse la partie méridionale de l'Alsace et le Suntgau.

L'Alsace, était bornée au Nord par le cercle du Haut-Rhin ( partie d'Allemagne ); au Midi par la Suisse, à l'Occident par les Vosges, qui la séparaient de la Lorraine, et par une partie de la Franche-Comté Belford était la capitale du Suntgau.

## ARTICLE XX.

### *Le Département du Bas-Rhin.*

Il est borné au Midi par celui du Haut-Rhin, à l'Orient par le Rhin; au Nord par le département du Mont-Tonnère; à l'Occident par les départements de la Moselle et de la Meurthe.

On y récolte du bled, du vin, du tabac, du chanvre on y élève des bêtes à cornes: il produit du bois.

La Queich, la Lauther et la Moter sont les trois rivières les plus considérables de ce département.

La Queich y a sa source à l'Occident de Landau qu'elle arrose ainsi que Germsheim, et se perd dans le Rhin, près de Philisbourg.

La Lauther sort du département des Forêts, traverse la partie septentrionale de celui du Haut-Rhin, y arrose Wissembourg et Lauterbourg, et se jette aussi dans le Rhin, au-dessous de cette dernière commune.

La perfidie atroce qui livra les lignes Wissembourg à l'ennemi, au commencement de la campagne de l'an deux, ne fit que retarder pour quelque tems le triomphe des armées républicaines. Elles avaient été long-tems abandonnées sur les bords de la Sarre et de la Blise au dégoût et à la trahison A peine s'étaient-elles mises en marche pour aller délivrer Mayence, que cette ville avait capitulé. Les Autrichiens ne trouvant plus de résistance à Wissembourg, s'avancèrent le long du Rhin. Le sol de la liberté fut couvert de hordes ennemis, depuis Landau jusqu'à Strasbourg; depuis le fort Vauban jusqu'à Saverne. Les Prussiens prirent le revers des Vosges, et vinrent sur les bords de la Sarre. L'armée de la Moselle était affaiblie par les divisions qu'elle avait envoyées à l'armée du Nord. Cependant dans les combats que les défenseurs de la liberté eurent à livrer à cette époque, ils déployèrent le plus grand courage et toutes les vertus républicaines. Dans les circonstances périlleuses où se trouva alors l'armée française, il se passa une infinité d'actions sublimes d'héroïsme, de bravoure et de dévouement à la cause de la liberté qui sauvèrent et l'armée et la patrie.

Les représentans du peuple réunis sur cette frontière prirent de grandes mesures pour réparer les pertes occasionnées par la trahison, ranimer l'esprit des patriotes, déjouer les complots, rallier les forces disséminées, raviver l'esprit public, et donner une grande idée de la puissance nationale: ils répondirent à un trompette de l'armée ennemie: *la République française ne reçoit de ses ennemis, et ne leur renvoye que du plomb.*

Cette nouvelle politique, cette diplomatie révolutionnaire, la punition des traîtres et le génie de la liberté, donnèrent enfin une attitude imposante aux Républicains. Les Prussiens pressés par l'armée de la Moselle qui marchait sur Hambourg, Deux Ponts et Bitche, tentèrent de s'emparer de ce Fort pour se maintenir dans le revers des Vosges. Six milles hommes d'élite furent envoyés dans la nuit du 26 au 27 brumaire, pour cette expédition: la garnison n'était composée que du deuxième bataillon du Cher, de six cents soixante-treize hommes, et d'une compagnie de canoniers du premier régiment d'artillerie de soixante quatre hommes. Chaque soldat ne prit commandement que de son courage: les canoniers firent des prodiges de valeur: l'ennemi fut accablé par les grénades et assommé à coups de bûches par les Républicains. Un volontaire agé de seize ans désarma quinze brigands: les fossés, les glacis, les murs et les escaliers par où ils avaient pénétrés, étaient teints de leur sang. Ils perdirent dix-huit cents hommes: deux cents cinquante qui se trouvèrent engagés dans un passage, furent sommés de demander grace aux Français, et de leur remettre leurs armes.

Schelestat, place très-forte, sur l'Ill. Benfeld, sur cette rivière, Andelau, près de la même; Rosheim sur le *Bruch*, petite rivière qui se perd dans l'Ill, Salin, petites communes.

Strasbourg, presqu'à l'embouchure de l'Ill, vis-à-vis le fort de Kell, chef-lieu du département. Cette commune est ancienne, belle et bien peuplée. Son principal commerce consiste en fayences, en horlogerie, en librairie, en marchandises d'or et d'argent.

Molsheim, près l'Ill, Dachestein, sur cette rivière; Hagueneau, Druhenseim, sur la *Moter*, petite rivière qui sort des Vosges et qui se perd dans le Rhin, le Fort-Liberté (ci devant Fort-Louis sur ce fleuve), Seltz sur le même, communes peu considérables, mais bien fortifiées pour la plupart.

Saverne, sur la Soër, qui sort aussi des montagnes des Vosges, et qui se rend dans le Rhin. Les évêques de Strasbourg avaient à Saverne, un magnifique palais dot les jardins étaient immenses. C'était dans ce délicieux séjour qu'ils allaient se délasser des travaux de l'episcopat, lorsqu'ils se trouvaient quelquefois par hasard dans leur diocèse.

Bouxviller, près la Moter; Rheishoffen, New-Sawarden, Bouquemon, la Petite Pierre près les Vosges n'ont rien de curieux.

Weissembourg, sur la Lauter, est une commune fortifiée. Landau, sur la Queich, est une des plus fortes places de la République.

## CHAPITRE II.

### *Les Départemens qui occupent la partie septentrionale de la France.*

La France, avant la révolution, ne possédait aucun des pays dont ces départemens sont formés. La conquête de la Belgique fut la première des armées républicaines sur l'Autriche. La rive gauche du Rhin, qui embrasse les départemens du Mont-Tonnère, de la Sarre, de Rhin-et-Moselle et de la Roër fut cédée à la France le 21 ventôse an 6.

Les treize départemens qui occupent la partie Septentrionale du territoire français, s'étendent des deux côtés de la Meuse et de l'Escaut, entre le Rhin, le territoire de la République Batave, la mer du Nord et les anciennes limites des Pays-Bas Autrichiens.

La Meuse prend sa source dans la partie occidentale du département des Vosges, au Nord-Ouest de Bourbonne. Elle traverse par le milieu du Sud-Est au Nord-Ouest le département qui lui doit son nom, la partie orientale de celui des Ardennes et le département du même nom, le département de Sambre-et-Meuse, celui de la Meuse inférieure, arrose la Gueldre et la partie méridionale du territoire de la République Batave; puis se jette dans la Mer du Nord, au-dessous de Dordrecht. Elle passe à Vaucouleurs, à Commercy, à Verdun, à Sedan, à Mezières, à Charlemont, à Namur, à Liége, à Mastricht, à Ruremonde, à Venlo, à Grave, à Dordrecht.

L'Escaut arrose la partie occidentale de la Belgique, Il a sa source près le Castelet, sur les confins du département de l'Aisne et de celui de la Somme. Il traverse en entier le département du Nord, passe à Cambray, à Valenciennes, à Tournay, à Oudenarde, à Gand, à Anvers; puis se partage en deux branches au-dessous de Lillo, dont l'une, qui se nomme *Escaut orientale*, passe près de Berg-op-zoom, et se jette dans la Mer, après avoir formé plusieurs îles à son embouchure; l'autre qu'on appelle le *Hont* ou *Escaut occidentale*, cottoye la Flandre Hollandaise et se perd dans la Mer, au Midi de l'île de Walchère.

## ARTICLE I.

### *Le Département du Mont-Tonnère.*

Ce département s'étend le long du Rhin entre ceux du Bas-Rhin, de la Sarre et de Rhin et Moselle. Le terroir en est extrêmement fertile. Il produit du bled, du vin, du bois; il y a des pâturages.

Mayence, sur le Rhin, chef-lieu. Cette commune

est ancienne et grande ; mais elle n'est pas peuplée à raison de son étendue. Elle s'arroge deux inventions qui ont changé la face du globe, l'imprimerie et la poudre à canon; mais la Hollande lui dispute la première avec Strasbourg, et l'Angleterre la seconde. On ne connaît guères la date précise de ces deux inventions. Quelques historiens rapportent la première à l'an 1440, mais ils prétendent qu'elle ne fut connue en France que trente ans après, et qu'elle y fut apportée par trois Allemands. L'époque de l'invention de la poudre à canon est encore plus incertaine. Plusieurs historiens la rapportent au règne de Charles VI, vers la fin du quatorzième siècle; d'autres la reculent un peu plus loin. Quoiqu'il en soit de ces différentes opinions, les effets de cette poudre meurtrière qui a tout changé, date incontestablement des guerres de Charles VI contre les Flamands, en l'an 1382 au siége d'Oudenarde. Voici le récit de Froissard :

« Les Gaulois ouvrirent une bombarde, laquelle avait cinquante pieds de long, et jetait pierres grosses et pesantes merveilleusement; et quand cette bombarde décliquait, on l'oyait bien de cinq lieues par jour et dix par nuit, et menait si grande noise au déclique qu'il semblait que tous les diables d'enfer fussent en chemin ».

Worms, sur la rive gauche du Rhin, était une ville impériale (1). Elle est fort ancienne : elle était

(1) Il y a en Allemagne (peut-être faudra-t-il dire un jour : il y avait)

grande autrefois riche et très-forte ; mais elle fut presque ruinée par les Français en 1689 : elle est maintenant assez pauvre et n'est guères peuplée.

Arnsheim, Odernheim, Oppenheim, Bingen, Laubach ne sont pas des communes bien considérables.

Le Mont-Tonnère, dont ce département tire sa dénomination, est une des plus hautes montagnes qui s'y trouvent. Ce département comprend la partie orientale du Palatinat. (Il faut sous-entendre celle qui est en-deça du Rhin et qui a été cédée à la France).

Le Palatinat faisait partie du cercle du Bas-Rhin. On l'appelait Palatinat du Rhin, parce qu'il est situé des deux côtés de ce fleuve, ou Bas-Palatinat pour le distinguer du Palatinat de Bavière auquel il était uni autrefois.

---

deux sortes de villes distinguées des autres : on les nomme (Impériales et Anséatiques). Les villes Libres ou Impériales, au nombre de cinquante-une, sont nommées ainsi parce qu'elles ne dépendent que de l'Empereur, et qu'elles se gouvernent en forme de République.

Les villes Anséatiques, nommées ainsi à cause de leur situation près de la Mer, sont celles qui se sont réunies pour soutenir leur commerce. Leur confédération, autrefois plus puissante et plus nombreuse, se réduit aujourd'hui à cinq villes (Cologne faiseit la sixième) : ce sont, Hambourg, Lubeck, Brême et Rostock, toutes quatre dans la Basse-Saxe ; Dantzick dans la Prusse occidentale, maintenue libre par le traité de partage des trois puissances en 1792.

## ARTICLE II.

### *Le Département de la Sarre.*

Ce département est borné à l'Occident, par celui des Forêts; au Nord par celui de Rhin-et Moselle; à l'Orient, par celui du Mont-Tonnère; au Midi, par ceux de la Moselle et du Bas-Rhin.

Le terroir de ce département produit du bled, du vin, des fruits; on y trouve de bons pâturages.

La Mozelle traverse ce département d'une extrémité à l'autre, du Sud-Ouest, au Nord-Est, et reçoit à Trèves la Sarre qui lui donne son nom.

L'Else ou Alzette arrose la partie occidentale de ce département. Elle prend sa source sur les confins du département de la Moselle, arrose Luxembourg qu'elle partage en ville haute et en ville basse, et se décharge dans la Mozelle au-dessus de Trèves.

Les Champs d'Arlon, qui ont été deux fois le théâtre des triomphes des armées républicaines pendant la guerre de la liberté, sont à l'Occident de cette rivière.

Trèves, sur la Moselle, chef-lieu. C'est une des plus anciennes ville des Gaules. Elle était sous les Romains la Capitale de la Gaule-Belgique. Cette commune est grande, mais médiocrement peuplée. Les Allemands prétendent que Trèves était la plus ancienne ville d'Allemagne. Elle existait, si l'on veut en croire ses habitans, treize cents ans avant la fondation de Rome.

Pratz, Éring, Welsbillich et Budelich, petites communes. Sarrebourg, Frendenbourg et Mertzig. Ces trois communes situées au Midi de Trèves, sont médiocrement grandes.

Deux-Ponts, sur l'Erbach, petite rivière qui se perd dans la Sarre à droite, était la capitale du duché du même nom. C'est une jolie commune dans les montagnes des Vosges.

Le département de la Sarre embrasse la plus grande partie de l'Electorat de Trèves qui faisait partie du Cercle du Haut-Rhin, et le duché de Deux-Ponts, qui dépendait de celui du Bas-Rhin.

## ARTICLE III.

### *Le Département de Rhin-et-Moselle.*

Il est situé entre le Rhin, les départemens du Mont-Tonnère, de la Sarre, des Forêts, et de la Roër. Le terroir de ce déparrement est très-fertile en bled et en vins, ceux-ci, qui sont connus sous le nom de vins du Rhin, sont très-estimés.

La Moselle, qui, avec le Rhin donne le nom à ce département, le traverse d'une extrémité à l'autre, du Sud-Ouest au Nord-Est.

L'Erfflt arrose la partie septentrionale de ce département ; il a sa source sur les confins de ceux de la Sarre et de la Roër, traverse une partie du dernier, y arrose Bergen, Euster et Nuys, et se perd dans le Rhin, un peu au-dessus de Dusseldorf.

Coblentz, au confluent du Rhin et de la Moselle, chef-lieu; c'est une commune ancienne et forte, ce fut-là où se retirèrent, au commencement de la révolution, la plupart des émigrés.

Engers, Andernac, et Bonn ne sont pas des communes bien considérables; mais elles sont fortifiées. Les vins du Bonn ont une grande renommée.

Le département de Rhin-et-Moselle embrasse la partie du Nord-Est de l'Electorat de Trèves.

## ARTICLE IV.

### *Le Département de la Roër.*

Il est situé entre le Rhin et le département de la Meuse-Inférieure; il a au Midi, celui de Rhin-et-Moselle, et le territoire de la République Batave au Nord.

Ce pays est extrêmement fertile et produit abondamment tout ce qui est nécessaire à la vie.

La Roër, qui donne son nom à ce département, a sa source auprès de Montjoie dans la partie méridionale; elle le traverse en entier et se perd dans la

Meuse

Meuse à Ruremonde, après avoir arrosé Juliers, Hermbach, Duren et Linnich.

Aix-la-Chapelle, à la gauche de cette rivière, chef-lieu. C'était une Ville libre et Impériale. Elle est renommée pour ses eaux minérales. Elle est partagée en vieille et nouvelle ville, toutes deux assez bien fortifiées; les Empereurs y étaient couronnés autrefois. C'était le séjour de prédéliction de Charlemagne.

Juliers est une grande et forte commune avec une bonne Citadelle. Sitard, au Nord-Ouest de Juliers près de la Meuse, est une commune médiocrement grande.

Cologne, sur le Rhin était la capitale de l'Electorat de son nom. Elle fut jadis une Colonie Romaine. Agrippine, fille de Germanicus, y avait pris naissance. Fière de son origine, Cologne a gardé constamment les formes républicaines de son gouvernement primitif. Elle n'obéissait point à l'Électeur, et lui permettait à peine de paraître dans ses mûrs. Avant qu'elle fût réunie à la France, elle était gouverneé comme autrefois par un Sénat, des Consuls, des Proconsuls, des Censeus, des Édiles, des Tribuns, choisis indifféremment dans la classe de la noblesse et de la bourgeoisie. Cologne est renommée pour l'eau qui porte son nom.

Neuss ou Nuys, au Nord de Cologne, à l'embouchure de l'Erts dans le Rhin. C'est une commune ancienne forte et célèbre par la résistance qu'elle fit à Charles, duc de Bourgogne qui la tint assiégée pendant un an.

Le département de la Roër embrasse une partie du Limbourg, la plus grande partie du duché de Juliers, une partie de l'Electorat de Cologne, et la partie du duché de Clèves située à la gauche du Rhin, qui appartenait au roi de Prusse, et qu'il a cédée à la France.

## ARTICLE V.

### *Le Département de la Meuse-Inférieure.*

Ce département a au Midi celui de l'Ourth; à l'Orient celui de la Roër; au Nord la République Batave; à l'Occident le département de la Dyle.

Ce département n'est pas très-fertile en bled; mais il abonde en excellens pâturages, où l'on élève et où l'on engraisse quantité de bestiaux.

La Meuse, qui lui donne son nom, en arrose la partie orientale du Sud-Ouest au Nord-Est.

La Geule et la Veze sont deux rivières de ce département. Elles y prennent toutes deux naissance. La première arrose Faulquemont et se perd dans la Meuse au-dessous de Mastricht. La seconde arrose Limbourg, et se perd dans l'Ourth au-dessous de Dourbuy.

Tongres, à la gauche de la Meuse est une commune ancienne et médiocrement grande.

Mastricht ou Maëstricht, sur la Meuse, chef-lieu. Cette commune est grande, belle, très-forte et bien peuplée. On y compte quatorze mille habitans environ. On admire l'Hôtel-de-Ville qui passait pour un des plus beaux de la Belgique. Il y a un arsénal bien fourni.

Reckem, Stoockem, et Maseyck, sont des communes médiocrement grandes, mais qui n'offrent rien de curieux. Thorn et Horn sont peu considérables.

Ruremonde, au confluent de la Roër et de la Meuse, est une commune grande, belle, riche, marchande et bien peuplée.

Le Fort-Saint-Michel est situé sur la Meuse au Nord de Ruremonde. Il appartient à la République Batave. Ventlo, qui est situé vis-à-vis, sur la rive droite de ce fleuve, est une ville très-forte.

Le département de la Meuse-Inférieure est formé de la partie septentrionale du duché de Limbourg, et d'une partie de la Gueldre.

La Seigneurie de Liege faisait partie du cercle de Westphalie (partie d'Allemagne), et était enclavée dans les Pays-Bas, entre le Limbourg, le duché de Luxembourg, celui de Bouillon, la Flandre-Française, le Namurois et le Brabant.

La Gueldre se divisait en haute et basse, la première, qui était au Midi, appartenait à la maison d'Autriche; la dernière à la Hollande.

Par un décret de la Convention nationale du 9 brumaire, an 4, le duché de Bouillon fut réuni à la France, et les communes dont il était composé, furent réparties entre les départemens de l'Ourth, des Forêts et des Ardennes.

## ARTICLE VI.

### *Le Département de l'Ourth.*

Il est borné au Midi, par le département de Sambre-et-Meuse et par celui des Forêts; à l'Orient par ceux de Rhin-et-Mozelle et de la Roër; au Nord par celui de la Meuse-Inférieure; à l'Occident par celui de la Dyle.

Le terroir de ce département produit toutes sortes de grains et abonde en pâturages.

L'Ourth, qui donne son nom à ce département, sort de la partie septentrionale du département des Forêts, traverse la partie du Nord-Est de celui de Sambre-et-Meuse, la partie méridionale de celui qui lui doit son nom, passe à la Roche et à Dourbuy, dans le département de Sambre-et-Meuse, et se perd dans la Meuse à Liege.

Huy, Hannut, Warem et Vise, petites communes.

Liége au confluent de la Meuse et de l'Ourth, chef-lieu. Cette commune est ancienne, grande, bien peuplée et fort marchande. On y voit de très-beaux édifices. Le palais où l'Evêque faisait sa résidence, est assez beau, quoiqu'antique.

Limbourg. Cette commune située près de la Vèse, sur une montagne, est très-petite et peu fortifiée. Elle était la capitale du duché de son nom.

Spa, au Sud-Est de Liége, petite commune renommée pour ses eaux minérales qui y attirent du monde de toutes parts. Ces eaux étaient connues et estimées des anciens.

Malmedy et Stavelot ne sont pas considérables.

Le département de l'Ourth embrasse la partie méridionale de la Seigneurie de Liége, une partie du duché de Bouillon et la partie méridionale du Limbourg.

## ARTICLE VII.

### *Le Département des Forêts.*

Il est entouré des départemens de la Moselle et des Ardennes; du département de l'Ourth, de celui de Sambre-et-Meuse, et de celui de la Sarre.

C'est un pays couvert de bois, et qui ne produit guères de bled; mais on y trouve des pâturages. Ce département est un des plus étendus de ceux de la

Belgique. Il doit son nom aux vastes forêts qui en occupent la plus grande partie.

La Sure et la Sémoy sont deux rivières de ce département. La Sure a sa source au Nord-Est de Neuf-Château; arrose Esech; puis se perd dans l'Else, au-dessus de Dickirsch.

La Sémoy sort de la partie périodinale de ce département, arrose Chiny, Bouillon et Orchimont, et se perd dans la Meuse au-dessous de Charleville.

Saint-Mard, Wirton, Chiny, Neuf-Château, Bastogne, Housaillize, Clervaux, Witz petites communes.

Arlon, sur l'Else. Cette commune qui appartenait au roi de Prusse, après avoir été prise et reprise deux fois en peu de tems, fut enfin cédée à la France.

Luxembourg, sur la même rivière, chef-lieu. Cette place est une des plus fortes de l'Europe; on la regardait comme imprenable; mais elle suivit le sort des autres de Belgique, et ne put put tenir contre la valeur et le courage surnaturel des armées républicaines, malgré les efforts que la coalition fit pour la défendre.

Rémich, Grevenmacheren, Echternach sont des communes peu considérables.

Le département des Forêts comprend le duché de Luxembourg, et une partie de celui de Bouillon.

## ARTICLE VIII.

### *Le Département de Sambre-et-Meuse.*

Ce département a au midi ceux des Ardennes et de la Meuse; à l'Orient celui des Forêts; au Nord ceux de l'Ourth et de la Dyle; à l'Occident celui de Jemmappe. Il produit des grains, du lin et du chanvre. On y trouve des pâturages.

La Meuse le traverse d'une extrémité à l'autre, du Sud-Ouest au Nord-Est.

La Sambre a sa source au Nord-Est de la Chapelle, sur les confins du département de l'Aisne et de celui du Nord. Elle traverse la partie orientale de ce dernier département, et celle du Sud-Est du département de Jemmappe, la partie occidentale de celui de Sambre-et-Meuse; puis se perd dans la Meuse à Namur. Elle passe à Landrecies, à Maubeuge, à Merbes, à Marchienne, et à Charles-sur-Sambre.

La Mehaigne est encore une rivière de ce département. Elle a sa source à l'Orient de Gembloux, dans la partie méridionale, arrose la commune de même nom, traverse la partie occidentale du département de l'Ourth, et se décharge dans la Meuse à gauche, au-dessus de Huy.

Tout le monde sait combien de fois l'armée de Sambre-et-Meuse triompha de celles de la coalition. Les défaites multipliées des Autrichiens ne leur avaient pas ôté l'espoir de nous arrêter encore dans notre marche victorieuse. Le desir de porter un coup décisif leur avait fait rassembler leurs troupes au nombre de plus de soixante mille hommes sur la rive gauche de la Roër, et ils avaient joint tous les secours de l'art aux difficultés que la nature présentait pour les attaquer. L'armée de Sambre-et-Meuse habituée à surmonter toutes les difficultés, les attaqua le 11 vendémiaire an 3, sur trois points différens. Tout ce qui était en de-çà de la rivière fut culbuté sur-le-champ, par l'impétuosité républicaine, et nos troupes impatientes de poursuivre l'ennemi, établirent leurs ponts, sous le feu le plus vif. Nombre de soldats que le retard nécessaire pour cette opération excitait encore davantage, passèrent la rivière à la nage, et continuèrent à charger les Autrichiens. Leur cavalerie voulut protéger la retraite, mais la nôtre l'attaqua, la défit et la poursuivit jusques sous les murs de Juliers où elle fut presque toute massacrée. Un brouillard épais et la nuit mirent fin au combat qui durait depuis cinq heures du matin, et purent seuls arrêter l'ardeur de nos braves soldats. Le lendemain ils se préparèrent à attaquer Juliers où s'était retiré l'ennemi, et déjà on y avait jetté quelques obus, quand le magistrat vint apporter les clefs de la place, et annoncer que les Autrichiens l'avaient évacuée à minuit. La cavalerie se mit à leur poursuite et tous les équipages furent pris.

Cette journée glorieuse où nos troupes prouvèrent de nouveau combien elles regardaient peu au nombre des hommes et à celni des redoutes, fut plus importante encore par ses résultats que la célèbre victoire de Fleurus. L'armée autrichienne dissipée, six mille hommes restés sur le champ-de-bataille, huit cents prisonniers étaient les fruits naturels de la victoire; mais la prise de Juliers nous donna de plus une place en bon état, un arsenal bien muni, soixante pièces de canon et cinquante milliers de poudre.

Quelques jours après la prise de Juliers l'armée de Sambre-et-Meuse qui avait reçu de la République la pénible et honorable mission de chasser les ennemis au-de-là du Rhin, consomma ce glorieux ouvrage par la prise de Cologne. Tous les habitans de cette ville, pressés autour de nos défenseurs, et leur témoignant la plus vive admiration, étaient fiers et joyeux de posséder une partie de cette armée immortalisée par tant de victoires. L'ennemi parut fort content d'avoir mis entre lui et nous une barrière telle que le Rhin : il nous laissa par sa fuite les moyens de choisir les meilleurs quartiers d'hiver, et la prise de Cologne nous donna en outre un arsenal un des mieux pourvus de l'Europe.

Bouvignes et Dinant ne sont pas des communes considérables.

Namur, au confluent de la Sambre et de la Meuse,

chef-lieu. Cette commune n'est pas bien grande, mais elle est très-forte, sur-tout par son château.

Gembloux, au Nord-Ouest de Namur, Andenne au Nord - Est Dourbuy, Clumay, Rochefort et la Roche n'offrent rien de curieux. Saint-Hubert est situé au milieu de la Forêt des Ardennes.

Le département de Sambre-et-Meuse occupe la partie orientale du Namurois, et la partie du Sud-Est du Brabant.

## ARTICLE IX.

### *Le Département de la Dyle.*

Il est entouré des départemens de Jemmappe, de Sambre-et-Meuse, de l'Ourth, des deux Néethes et de l'Escaut. On récolte dans ce département du bled et autres grains.

La Dyle, dont ce département emprunte son nom, prend naissance près de Nivelle; traverse le département de la Dyle, passe à Louvain et à Malines, et se perd dans l'Escaut entre Tenremonde et Anvers.

Les champs de Fleurus ne sont pas éloignés de cette rivière. Ils avaient déjà été deux fois le théâtre des victoires françaises, (en 1622 et en 1690). Ils le furent pour la troisième le 8 messidor, an 2.

Les ennemis qui sentaient de quelle importance était pour eux la perte de Charleroi qui s'était rendu la veille, réunirent leurs plus grands efforts pour le reprendre. Cent mille hommes appuyés d'une cavalerie formidable, ayant à leur tête tous les généraux ennemis, attaquèrent l'armée républicaine avant le jour. Trois fois elle fut forcée par le feu de l'artillerie de se retirer dans ses retranchemens. Mais ces mots retentirent de toute part : *point de retraite aujourd'hui, point de retraite.* Après un combat opiniâtre prolongé dans la journée, vers les six heures du soir, l'ordre de la charge est donné. Les républicains, la bayonnette en avant, fondent sur les atellites des despotes, et en font un carnage affreux. Là commence la déroute de l'ennemi, qui, depuis cette mémorable journée, ne cessa de fuir le reste de la campagne.

On connait l'anecdote du fameux ballon à la bataille de Fleurus. Les Allemands, en cherchant à ridiculiser les premières découvertes de Mongolfier qu'ils traitèrent dans leurs feuilles de *légéretés françaises*, ne se doutaient guères qu'un jour ces découvertes précieuses, perfectionnées par le génie tout-puissant de la liberté, contribueraient beaucoup à la défaite des satellites du despotisme, et à l'humiliation de l'orgueilleuse maison d'Autriche.

La Senne arrose la partie occidentale de ce département. Elle a sa source sur les confins de celui de Jemmappe, passe à Nivelle, à Bruxélles, et se perd dans la Dyle.

Nivelle est une jolie petite commune située dans un pays agréable. Brenne-la-Leud et Jemmappe ne sont pas considérables.

Bruxelles est le chef-lieu de ce département. C'était la capitale des provinces Belgiques et le séjour ordinaire du Gouverneur des Pays-Bas Autrichiens. La grande place de Bruxelles est une des plus belles de l'Europe. Le palais où les gouverneurs faisaient leur résidence, est beau quoiqu'ancien. Il fut consumé presque tout entier en 1730 par un incendie; il a été rebâti depuis. On voit au-dehors de Bruxelles un magnifique cours le long du canal, et un très-beau parc en dedans, dans le goût de celui de Versailles; il est entouré d'hôtels superbes. On parle à Bruxelles les deux langues Flamande et Française. On y fabrique de belles dentelles, de belles tapisseries et beaucoup de beaux camelots.

Anderlecht, Asch, Vilverde, Tervueren, petites communes.

Louvain, sur la Dyle, à l'Est de Bruxelles, était la seconde ville du duché de Brabant. Cette commune est grande, mais sale et mal peuplée; elle avait une fameuse université qui y attirait un grand nombre d'écoliers. L'Hôtel-de-Ville de Louvain quoiqu'antique est un bel ouvrage.

Montaigue, Sichem et Diest sont des communes médiocrement grandes.

Tirlemont, sur le Demer, est une commune passablement grande et assez jolie. Judoigne n'est pas considérable : c'est près de cette commune qu'est le village de *Ramilliers*, où s'est donnée une fameuse bataille en 1709. Pervez-le-Marchez petite commune.

Le département de la Dyle embrasse la partie du duché de Brabant qui en occupait le centre.

## ARTICLE X.

### *Le Département des Deux-Nèethes.*

Il est borné à l'Occident, par le département de l'Escaut, dont il est séparé par le fleuve de même nom; au Nord, par le territoire de la République Batave; au Sud-Est, par le département de la Meuse-Inférieure; au Midi par celui de la Dyle.

On récolte dans ce département du froment et autres grains, du houblon en abondance, du bois, du lin, du chanvre; ses excellens pâturages en font la principale richesse.

Les deux Nèethes prennent leur source dans ce département qui leur doit son nom, et se réunissent à Lier; puis se perdent dans la Dyle, au-dessous de Malines.

Le Demer arrose la partie du Nord-Est de ce département. Il sort de la partie occidentale de celui de la

Meuse-Inférieure, baigne Diest, Sichem et Arschot; puis se perd dans la Dyle, au-dessous de Louvain.

Malines, sur la Dyle. On l'appelle en Flamand Mechelen. Cette commune quoiqu'ancienne, est très-jolie et très commerçante. On y fabrique beaucoup de dentelle.

Puers, Villebroëck et Dustel petites communes.

Lier ou Lire, au confluent des deux-Nèethes, est une petite commune assez bien fortifiée où il se fait un grand commerce de bétail. Berchem et Bogerhout n'ont rien de remarquable.

Anvers, sur l'Escaut, chef-lieu. Cette commune est grande, forte et bien bâtie. Depuis que les Hollandais, en s'emparant des Bouches de l'Escaut, lui ont enlevé son commerce, elle n'est plus peuplée comme autrefois. Anvers a une Citadelle très forte, une fort belle place nommée la place de *Mer*; on y voit plusieurs beaux édifices publics, telles que l'église des ci-devant Jésuites et la ci-devant Cathédrale. Celle ci, qui est magnifique, a la plus belle tour que l'on puisse voir; elle a quatre-cents quarante-quatre pieds de hauteur; il y avait soixante-huit cloches qui composaient un carillon des plus harmonieux; on admire encore la Bourse et l'Hôtel-de-ville.

Anvers a vu naître Rubens, Vem-Deck, Ortélius célèbre Géographe et plusieurs autres grands hommes.

Lillo, Héndrick, Fréderieck, Stacbroëck, Capel et

Brecht petites communes. Santoliet est assez considérable.

Le département des deux-Nèethes comprend le marquisat d'Anvers, une partie du territoire de la Seigneurie de Malines et une partie du Brabant.

## ARTICLE XI.

### *Le Département de l'Escaut.*

Il est situé entre les départemens de Jemmappe, de la Dyle, des deux Nèethes, la Flandre-Batave et le département de la Lys,

Ce département produit toutes sortes de grains en abondance; il renferme beaucoup d'excellens pâturages où l'on élève quantité de bestiaux, beaucoup de chevaux entr'autres, mais qui ne sont pas très-estimés parce qu'ils sont trop lourd.

Oudenarde, ou Audenarde, sur l'Escaut est une commune forte, riche et bien peuplée; il y a une manufacture de tapisserie de haute lisse. Alost, sur la Deudre, est une commune médiocre, mais bien fortifiée.

La Dendre a sa source au Sud-Ouest d'Ath dans le département de Jemmappe, y arrose cette commune et Levines, traverse la partie du Sud-Est du département de l'Escaut, et se décharge dans le fleuve de même nom à Dendermonde.

Gand, sur l'Escaut, chef-lieu, était la capitale de la

Flandre Autrichienne. C'est une grande commune, riche, très-commerçante et très-belle; mais elle n'est pas peuplée à raison de son étendue; il y a même des quartiers où l'on ne compte que très-peu d'habitans. Cette commune est remplie de beaux édifices publics et de beaucoup de places très-belles pour la plupart. On admire sa Citadelle, ouvrage de Charles V.

Le département de l'Escaut embrasse une partie de la Flandre Autrichienne et du Hainaut.

## ARTICLE XII.

### *Le Département de la Lys.*

Il est entouré des départemens du Nord, de l'Escaut, de Jemmappe, de la Mer du Nord et de la Flandre Hollandaise. Le terroir de ce département est très-fertile en froment, en seigle, en avoine, en lin, en colsa; il abonde en excellens pâturages; on y fait beaucoup de beure et de fromages.

La Lys, dont ce département tire sa dénomination, a sa source près d'un village nommé *Lysbourg* vers le milieu du département du Pas-de-Calais où elle arrose Aire. Elle traverse le département du Nord et celui auquel elle donne son nom, passe à Menin et à Courtray, et se perd dans l'Escaut à gauche.

L'Yser et l'Yperle arrosent ce département.

La première de ces rivières a sa source à l'Orient de

de Vatten dans le département du Nord, baigne Rousbrugghe dans celui de la Lys, y passe près de Stavèle et de Reninghe, puis se perd dans l'Yperle au Fort de Cnock.

Celle-ci arrose Ypres, Dixmude et Nieuport, et se perd dans la mer du Nord.

Furnes est une Place forte et une commune assez considérable, sur le Canal de Dunkerke. Nieuport, au Nord-Est de Furnes, est une autre Place forte située sur un canal qui communique à la mer.

Ostende a un bon port sur la mer du Nord. C'est une commune très-forte. En 1601 les Espagnols qui l'assiégaient, ne purent la prendre qu'au bout de trois ans, et après une perte de soixante-dix mille hommes : il ne fallut que quelques jours aux républicains pour s'en emparer.

Bruges, chef-lieu, sur le canal de cette commune à Ostende. Elle est belle, grande et commerçante, son commerce n'est cependant pas aussi florissant qu'il l'était autrefois.

Il se fait à Dixmude un commerce considérable de beure et de fromages excellens. Nieu-Capelle n'est qu'une petite commune.

Le fort de Cnock est situé au confluent de l'Yser et de l'Yperle.

Ypres, sur l'Yperle. C'est une ancienne, belle et grande commune. On voit au milieu de la place une belle fontaine, au centre de laquelle s'élève une superbe pyramide.

Menin est une Place forte sur la Lys; Cette commune avait de belles fortifications qui furent rasées après la prise de cette place par les Français en 1744. Courtrais autrefois Ville forte, fut demantelée en 1683 par le despote Louis XIV.

Le département de la Lys est formé de cette partie de la Flandre Autrichienne, qui s'étendait au Nord-Ouest le long de la mer, et qu'on appellait pour cette raison la Flandre Maritime.

## ARTICLE XIII.

### *Le Département de Jemmappe.*

Il s'étend du Nord-Ouest au Sud-Est entre les départemens de la Lys, de l'Escaut, de la Dyle, de Sambre-et-Meuse, de l'Aisne et du Nord.

Ce département est en grande partie couvert de bois. On y récolte des grains, de la graine de lin, du colsa, beaucoup d'haricots, du houblon; il y a des pâturages. Il doit son nom à une plaine, qu'on nomme la plaine de Jemmappe, au pied d'une montagne de même nom.

L'Escaut, la Haisne, la Dendre et la Meuse arrosent ce département.

Tournay, sur l'Escaut. Cette commune est grande

et ancienne; mais elle n'est pas peuplée à raison de son étendue. Elle a le long de l'Escaut un très beau quai, qui est bordé d'arbres. Louis XIV y avait fait bâtir une très-belle Citadelle que son successeur fit démolir de fond en comble.

Antoing et Luze ne sont pas considérables. Lessines est une jolie commune, et d'un grand commerce pour ses toiles et ses manufactures de lin. Enghien était la première Baronie du Comté de Hainaut. Brenne (ci-devant le Comte) n'offre rien de remarquable.

Mons, près de la Haisne, chef-lieu. Cette commune est grande, riche, belle et très-forte. Elle est environnée d'un triple fossé. Après avoir passé les fauxbourgs on voit les fortifications de la ville qui sont régulières. Une belle et grande rue, qui va toujours en montant et en tournant, mène à un vieux château dont la tour est parfaitement belle.

Saint-Guillain, au Sud-Ouest de Mons, est situé dans un lieu marécageux, et a des écluses qui servent à la défense de Mons. Ath, au Nord-Ouest de la même commune, en est une très-jolie où il se fait un grand commerce de toile.

Charles-sur-Sambre (ci-devant Charleroi) est situé à l'Orient de Mons. Les champs de Fleurus, sont au Nord-Est de Charles-sur-Sambre, sur les confins du département de la Dyle.

Ham, Beaumont, et Philippeville, ne sont pas éloignées des frontières du département de Sambre-et-Meuse.

Mariembourg et Chimay sont situés dans une plaine entre deux vastes forêts. Toutes ces communes ne sont pas fort éloignées de la Meuse, quelques-unes sont situées dessus.

Le département de Jemmappe embrasse la partie du Sud-Est du Hainaut, la partie méridionale ; du Brabant et une partie du Namurois.

*Fin du Tome premier.*

# TABLE

DES MATIÈRES CONTENUES DANS LE PREMIER VOLUME.

Fin de la Table.

www.ingramcontent.com/pod-product-compliance
Lightning Source LLC
LaVergne TN
LVHW020545230826
846091LV00002B/392

*9782329353890*